Musée de Grenoble
Image d'une collection

Errata

Page 27, il faut lire à la place de « Charles » : « André ».

Pages 34-35, les légendes des tableaux de Zurbarán
L'Adoration des mages et *L'Adoration des bergers* sont inversées.

Page 43, il faut lire dans la légende : « *pénitent* ».

Page 170, il faut lire dans la légende à la place de « Acquis en 1990 » :
« Don Jacques Doucet, 1931 ».

Page 180, il faut ajouter dans la légende après « Loriol-sur-Drôme,
1913 » : « Paris, 1995 »

Page 197, il faut ajouter dans la légende après « Lille, 1921 » : « Paris,
1999 »

Page 197, il faut lire dans la légende, à la place de « 1982 » : « 1988 ».

Page 219, il faut ajouter dans la légende « (dation Joan Mitchell) ».

Page 222, il faut ajouter dans la légende du bas : «,détail ».

Page 260, il faut lire dans la légende : « manilles ».

Henri Matisse Le Cateau-Cambrésis, 1869 – Nice, 1954 · **Les Tapis rouges** 1906 · Huile sur toile · 89 x 116 cm · Legs Agutte-Sembat, 1923

image d'une collection

musée de grenoble

Cet ouvrage est publié
pour le 200e anniversaire
de l'ouverture au public
du Musée de Grenoble.

4 5

Il a été réalisé par

Serge Lemoine,
professeur à la Sorbonne,
conservateur en chef
du Musée de Grenoble,

avec la collaboration de
Marianne Le Pommeré

assistés de
Sandrine Lachaud
et de Jeanine Scaringella,
secrétaires au Musée de
Grenoble

Remerciements

Michel Destot,
maire de Grenoble,
député de l'Isère

Bernard Saugey,
président du conseil
général de l'Isère

la société des Amis
du Musée de Grenoble

ainsi que

Jean-Pierre Changeux,
membre de l'Institut,
professeur au Collège de France

Conception visuelle

Baumann & Baumann
Büro für Gestaltung

Barbara Baumann
Gerd Baumann
Ine Ilg

Schwäbisch Gmünd
Allemagne

Photographies

Jean-Luc Lacroix,
Musée de Grenoble
et André Morin

Documentation

Gaëlle Angei,
chargée de la documentation
au Musée de Grenoble

Copyright

Réunion des musées nationaux,
Paris, 1999

Musée de Grenoble, 1999

ADAGP, Paris, 1999

Succession Picasso, 1999

Succession H. Matisse, 1999

Succession Delaunay, 1999

sommaire

Frans Snyders Anvers, Belgique, 1579 - 1657 · **Perroquets et autres oiseaux** Huile sur bois · 122 x 98 cm · Envoi de L'État, 1811

argument

Le Musée de Grenoble a eu deux cents ans en 1998. Son histoire est exceptionnelle, de sa fondation par Louis-Joseph Jay à l'inauguration en 1994 de son nouveau bâtiment, en passant par l'édifice construit pour l'abriter place de Verdun au XIXe siècle et la nomination à sa tête en 1919 d'Andry-Farcy. Son prestige n'a cessé de croître tout au long de ces deux siècles, son succès est allé grandissant. Pour en témoigner et célébrer par la même occasion son bicentenaire, paraît ce livre qui veut retracer son histoire, évoquer ses activités principales et montrer sa collection dans toute son excellence.

La collection du musée a commencé à être constituée dès la fin du XVIIIe siècle, s'est développée au XIXe siècle et a connu grâce à Andry-Farcy une orientation décisive en faveur de l'art moderne, qui ne sera pas remise en question.
Sa présentation dans le nouveau bâtiment permet aujourd'hui de la mettre en valeur et de la faire admirer.

Les œuvres du Musée de Grenoble sont à présent connues, publiées dans les revues et dans de nombreux ouvrages savants ou de grand tirage, étudiées enfin dans une série de catalogues raisonnés unique en France: ont ainsi fait l'objet d'une publication scientifique depuis 1987 les tableaux italiens, ceux des écoles du Nord, la peinture et la sculpture du XIXe siècle, les tableaux français des XVIIe et XVIIIe siècles, les faïences, l'art du XXe siècle. Le catalogue des tableaux espagnols paraîtra en 2000. Il s'agit d'un résultat sans précédent, qui permet d'offrir, par l'écrit et la reproduction, la totalité de la collection à la disposition des chercheurs, des amateurs, des lecteurs et du public.

Après ce travail fondé sur l'exhaustivité et l'objectivité scientifique, il restait à mettre cette collection en valeur, en distinguant ses pièces les plus belles, les plus rares, les plus novatrices et en essayant de dégager l'esprit général de ce formidable ensemble dans un livre de conception inédite. Tâche difficile et qui suppose un choix, mais rendue plus évidente par la création typographique effectuée par le bureau Baumann et Baumann, l'une des agences de graphisme les plus réputées de sa génération, à qui la mise en page de cet ouvrage a été confiée.

Le Musée de Grenoble conserve un ensemble unique d'œuvres qui couvre toute l'histoire de l'art occidental de la fin du Moyen-Âge à nos jours, avec une importante section d'antiquités égyptiennes. Cet ensemble est présenté de façon chronologique dans une suite continue de salles d'exposition, qui permettent d'y contempler, étudier, chercher à comprendre la vie des formes. Ce rôle joué par le musée, sa mission essentielle pour la conservation du patrimoine, son importance irréductible dans l'éducation de la sensibilité, son action privilégiée dans l'apprentissage des arts visuels et plastiques sont au centre de la pensée de Jean-Pierre Changeux dans le texte qu'il a écrit à cette occasion.
Cette réflexion permet de saisir la responsabilité d'une institution comme celle de Grenoble et la place éminente qu'elle occupe dans la vie de la cité. Le musée a la charge du passé, il agit dans le présent, il œuvre pour l'avenir.

L'histoire du Musée de Grenoble est aujourd'hui bien connue. Fondé dès 1798, quand les principaux musées de province seront créés trois années plus tard, constituant à travers tout le XIXe siècle l'une des plus riches collections de peinture classique, le Musée de Grenoble est aussi et surtout le premier et le plus ancien musée d'art moderne de France.

Dès 1921, grâce à l'action d'Andry-Farcy, son nouveau conservateur, entrent au Musée de Grenoble des œuvres majeures de Picasso et de Zadkine, suivies en 1922 par l'un des plus beaux tableaux que Matisse ait jamais peint : «L'Intérieur aux aubergines». Cet ensemble est complété en 1923 par le désormais célèbre legs Agutte-Sembat, qui comptait entre autres des œuvres de Matisse, Rouault, Derain, Van Dongen, Marquet, Vlaminck. Cette activité en faveur de l'art moderne, fondée sur la constitution d'une collection, mais où les expositions temporaires n'ont pas manqué de jouer leur rôle, continuera jusqu'à nos jours. Menée avec autant de perspicacité que de constance, cette politique a cessé d'être une aventure pour devenir une référence obligée et un modèle à poursuivre : Grenoble, grâce à son musée, a été et reste la ville de l'art moderne.

Dès la création du musée par le département de l'Isère, le ton est donné avec Louis-Joseph Jay, son premier directeur : achats immédiats, grâce à une collecte de fonds privés, dépôts provenant des saisies opérées par la Révolution, en particulier dans les riches abbayes voisines, envois de l'État, ensuite, comme dans les autres musées de province. Les motifs qui guident cette conduite sont partout identiques: la mise en valeur des œuvres de l'esprit, la contemplation de la beauté, l'intérêt pour l'éducation, la sauvegarde du patrimoine. A Grenoble, ils ne seront jamais perdus de vue.

Au cours du XIXe siècle et quand le musée deviendra municipal vont se poursuivre les acquisitions — y compris dans le domaine de l'art moderne —, s'accroître les dépôts, être multipliées les donations, au point de rendre indispensable, sous le règne de Napoléon III, tant la collection est devenue conséquente et l'intérêt qu'on lui porte de plus en plus soutenu, la construction d'un bâtiment spécifique pour loger le musée, jusque-là situé dans les locaux de l'ancien collège des Jésuites. Le département de l'Isère joignit ses efforts à la ville, un architecte fut désigné, Charles-Auguste Questel, un programme établi par le peintre Alexandre Debelle, le conservateur de l'époque, et le nouveau bâtiment, qui comprenait aussi la bibliothèque municipale, fut inauguré en 1876. Construit sur le côté d'une place d'armes nouvellement créée, dans un bel et savant ordonnancement urbanistique, cet édifice a été l'un des grands exemples de l'architecture des musées en France et en Europe.

Ce bâtiment abrite jusqu'en 1994 les collections du musée, complétées en particulier par les libéralités d'un de ses plus grands mécènes, le général de Beylié, qui donne par exemple à la Ville de Grenoble des œuvres de primitifs italiens, un tableau de Jean-François Millet, une mosaïque gallo-romaine et les quatre tableaux de Zurbarán. On peut dire qu'au début du XXe siècle, tous les grands artistes, toutes les écoles, française, italienne, espagnole, nordique, tous les courants artistiques, du maniérisme à l'école de Barbizon en passant par le caravagisme et le néoclassicisme, sans oublier un remarquable ensemble d'antiquités égyptiennes, tous les genres, de la nature morte à l'allégorie en passant par les tableaux d'histoire, le portrait et les compositions religieuses, toutes les disciplines, de la peinture à l'estampe, au dessin et à la sculpture, sont présents sur les murs et dans les salles du Musée de Grenoble.

d'hier à aujourd'hui

Salle des peintures du XXe siècle à l'ancien musée, été 1990

Exposition Christian Boltanski, 20 janvier-11 mars 1991

En 1919, Andry-Farcy (1882-1950) est nommé conservateur de cette prestigieuse institution. Il y restera 30 ans. D'emblée son choix est clair : l'art moderne, non pas celui qui entre au musée du Luxembourg, mais celui de Picasso, Matisse, Dufy, Léger, Derain, Soutine, Bonnard et Modigliani.
La collection qu'il constitue comprend les plus grands artistes, toutes les techniques, peinture, sculpture, dessin et estampe, toutes les tendances de l'art moderne, du fauvisme à l'abstraction, en passant par le cubisme, le futurisme, l'expressionnisme, la peinture réaliste, le surréalisme et la peinture naïve. Il constituera au besoin de véritables ensembles, tel celui sur l'art belge, où sont représentés Permeke et Magritte, Spilliaert et Servranckx.

Exposition Gerhard Merz, 1er octobre-28 novembre 1988

Les dons et legs ont complété les achats, dont «Le Remorqueur» de Fernand Léger, acquis en 1928, «Le Bœuf écorché» de Soutine, acheté en 1932, «L'Intérieur blanc» de Bonnard, entré en 1933, «L'Hommage à Blériot» de Robert Delaunay, en 1946, sans oublier le magnifique «Portrait de Madeleine Bernard» de Gauguin, acquis en 1923. Les donations des artistes ont constitué sans doute le plus bel encouragement à la politique d'Andry-Farcy : Picasso en 1921 et Matisse en 1922, Monet en 1923, Permeke en 1928, Jacques Villon et Marcel Duchamp en 1930 au nom de leur frère décédé Raymond Duchamp-Villon, Max Ernst en 1931, Willi Baumeister en 1933, George Grosz en 1935 et Luigi Russolo en 1948. Tous ont tenu à être représentés par des œuvres majeures. Des donations et legs, qui ont énormément compté, on retiendra, en 1923, les 90 œuvres du legs Agutte-Sembat, qui comprenait notamment cinq tableaux et six dessins de Matisse.

Ainsi, grâce à l'action du conservateur du musée, soutenu par Paul Mistral, qui occupe le siège de maire de Grenoble de 1919 à 1932, naît le premier musée d'art moderne de France et l'un des premiers au monde. Seule la ville d'Essen peut se mesurer, dans ce domaine, avec Grenoble, grâce à la création du Folkwang Museum en 1921. Le Museum of Modern Art de New York est fondé en 1929. Quant au musée national d'Art moderne, créé en 1939 à Paris, c'est en 1947 qu'il ouvre finalement ses portes. Le Musée de Grenoble occupe véritablement une place majeure dans l'histoire de l'art moderne, sur la scène française et internationale.

Les successeurs d'Andry-Farcy poursuivront sans discontinuer dans cette voie. Jean Leymarie, Gabrielle Kueny, Maurice Besset, Marie-Claude Beaud, Pierre Gaudibert, tous, jusqu'à aujourd'hui, sauront, par les acquisitions qu'ils ont permis de réaliser, les expositions qu'ils ont organisées, les donations qu'ils ont suscitées, développer la collection pour en faire l'une des plus importantes de France à côté de celles du musée national d'Art moderne et du fonds national d'Art contemporain.

Lettre de Paul Signac à Georgette Agutte, Saint-Tropez, 18 octobre 1915

Ernest Hébert Grenoble, 1817 - La Tronche, 1908 · **Portrait du général de Beylié** Huile sur toile · 35,5 x 27,4 cm · Legs Beylié,1914

Façade arrière avec vue sur la descente inclinée qui mène aux salles basses du musée

Rapidement, le bâtiment de la place de Verdun, devenu trop petit et mal adapté, ne permet plus la mise en valeur de ces richesses ni l'organisation d'activités correspondant aux besoins actuels. Plusieurs projets d'extension ou de construction nouvelle restent sans suite. Mais en 1982 une nouvelle entreprise est lancée à l'initiative du président de la République, François Mitterrand. Hubert Dubedout, maire de la Ville de Grenoble et Jack Lang, ministre de la Culture, en liaison avec le secrétariat d'État aux grands travaux, s'accordent sur une procédure qui sera concrétisée et menée à bien par Alain Carignon, alors maire de Grenoble.

Un site est trouvé en plein centre ville, en bordure de la rivière, un programme établi, un concours lancé, des architectes désignés, un financement établi grâce à l'engagement, aux côtés de la Ville de Grenoble, du conseil général de l'Isère, du conseil régional de la Région Rhône-Alpes et du ministère de la Culture. Le chantier commence en 1988, le bâtiment et son équipement sont terminés en 1993, l'inauguration a lieu le 29 janvier 1994, en présence d'Édouard Balladur, alors Premier ministre.

Entrée principale du musée avec **Monsieur Loyal** d'Alexander Calder

Façade principale du musée avec **Étoile polaire** de Mark Di Suvero et, en arrière-plan, la Tour de l'Isle qui abrite le cabinet des dessins

Une salle de la collection de sculptures

Vue de la galerie centrale

Une salle de la collection de peintures anciennes

12 13

Construit par une équipe d'architectes talentueux de Grenoble, Olivier Félix-Faure du Groupe 6, Antoine Félix-Faure et Philippe Macary, assistés de Lorenzo Piqueras pour la muséographie, le Musée de Grenoble est un équipement de 18 000 m², dont la qualité artistique et fonctionnelle est unanimement appréciée.
Le parti muséographique repose sur une lumière zénithale indirecte, des espaces sur un seul et même niveau, des salles adaptées aux œuvres, un parcours continu, un rapport étroit établi entre les volumes intérieurs et les ouvertures sur la ville et le paysage.

Plus de 1 500 œuvres d'art sont montrées dans 65 salles ouvertes en permanence. 1 000 m² d'espaces sont dévolus aux expositions temporaires, une bibliothèque publique spécialisée offre plus de 45 000 volumes à ses lecteurs, un auditorium de 270 places accueille des programmes musicaux, des films et des conférences et différents ateliers d'expression permettent d'organiser de multiples activités éducatives, notamment pour les enfants. Tout autour du bâtiment, un parc de 2 hectares, magnifiquement planté, accueille 15 sculptures monumentales d'artistes contemporains dans un véritable musée de plein air.

Grâce à ces avantages et aux moyens dont il est pourvu, le musée dispose à présent d'atouts majeurs, que la Ville de Grenoble, sous l'action de son nouveau maire Michel Destot, entend non seulement conforter mais développer.

Vue du hall d'entrée

Une salle de la collection du XXᵉ siècle avec **Hall** d'Isa Genzken et **Cellule n°5** d'Absalon

Présentation de **White Five-Part Modular Piece** de Sol LeWitt et **Yellow Wallpiece** de Donald Judd

La collection du Musée de Grenoble est aujourd'hui présentée dans un édifice où elle peut être déployée et faire la preuve de son excellence. Elle s'y montre telle qu'elle est, pour le bonheur des amateurs et de tous les publics, portant haut le rayonnement de Grenoble.

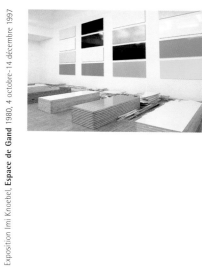

Exposition Imi Knoebel, **Espace de Gand** 1980, 4 octobre–14 décembre 1997

Exposition Morris Louis, 28 septembre–16 décembre 1996

Exposition Rebecca Horn, 4 mars–28 mai 1995

Sarcophage de Psamétik Époque saïto-perse, environ 500 av. J.-C.

Bois stuqué et peint · 185 x 133 cm · Don Saint-Ferriol, 1916

égypte ancienne

Le Musée de Grenoble conserve
l'une des plus importantes
collections d'antiquités
égyptiennes réunies dans les
musées français, l'égyptologie
ayant suscité dès le XVIIIᵉ siècle
un intérêt, que la présence active
de Champollion ne fera que
confirmer. Ce sarcophage
présente, sur la face, une
décoration répartie en deux
zones: la partie supérieure
correspondant aux épaules
et au torse montre une parure
ouvragée surmontant la
représentation de trois déesses,
la partie inférieure où se trouvent
disposés en registres les
hiéroglyphes composant des
textes traditionnels. L'ensemble,
bien conservé, est peint avec une
grande finesse et des couleurs
harmonieuses. Chaque élément
figuré retient par sa qualité
picturale. La valeur esthétique de
cet ouvrage et du «Bas-relief de
Karnak» — image d'une déesse
offrant le signe de vie au roi —
fait de ces pièces les plus belles
de la collection remarquable du
musée.

Bas-relief de Karnak Fragment de paroi provenant du temple de Karnak nord · Règne de Nectanebo II, 360-343 av. J.-C. · Grès jaune
76 x 66 cm · Don Saint-Ferriol, 1916

Cornelis Metsys Anvers, Belgique, 1510 - après 1562 · **Paysage avec saint Jérôme** Huile sur bois · 29,5 x 43,3 cm · Don Georges Marjolin, 1892

classique et baroque

Cornelis Metsys

Taddeo Di Bartolo

Le Pérugin

Heinrich Aldegrever

Osias Beert

David II Téniers le Jeune

Véronèse

Parmesan

Abraham Bloemaert

Annibale Carrache

Le Dominiquin

Mattia Preti

Bernardo Cavallino

Bernardo Strozzi

Pierre-Paul Rubens

Caspar de Crayer

Francisco de Zurbarán

Gerbrand Van den Eeckhout

Paulus Morelsee

Bartholomeus Breenbergh

Claude Vignon

Jacques Blanchard

Georges de La Tour

Simon Vouet

Jacques Stella

Claude Lorrain

Charles Le Brun

Philippe de Champaigne

Laurent de La Hyre

Eustache Le Sueur

Louis Boullogne Le Jeune

Avec ses tableaux de Véronèse, Rubens, Zurbarán, La Tour, la partie classique de la collection d'art ancien, qui a été pour l'essentiel réunie au XIXe siècle, est l'une des plus prestigieuses des musées français. Les quatre principales écoles de peinture, pour conserver les termes traditionnels, celles d'Italie, de Flandres et des Pays-Bas, d'Espagne et l'école française y sont représentées non seulement par des chefs-d'œuvre, mais aussi par des ensembles qui permettent d'illustrer toutes les formes d'expression du classicisme et de l'art baroque, comme le montre le paysage de Cornelis Metsys, si caractéristique de l'art flamand du XVIe siècle, avec sa vue panoramique, ses plans clairement détachés et la précision de sa facture.

De la Renaissance avec Le Pérugin à la période maniériste avec Vasari et Véronèse, puis Blomaert qui introduit au XVIIe siècle, on peut découvrir la mise en place des grands courants qui vont se dérouler à l'époque: peinture bolonaise avec Annibal Carrache, L'Albane et Le Dominiquin, peinture caravagesque avec Mattia Preti, Strozzi, Zurbarán, Stomer, La Tour, peinture baroque avec Rubens, Jordaens, Crayer, Breenbergh, Vouet, peinture classique au sens français du terme, avec Claude, Champaigne, La Hyre, Le Sueur, et le tableau de Jacques Stella, rentré en 1998 dans la collection du musée, dernier enrichissement qui atteste de la volonté sans cesse manifestée de continuer à compléter ces prestigieux ensembles.

Taddeo Di Bartolo Sienne, Italie, vers 1362 - 1422 · **Vierge à l'enfant** 1395 · Triptyque à la tempera sur bois · Panneau central 170 x 75 cm · Volets latéraux 152 x 75 cm · Dépôt du musée du Louvre, 1876

Peint pour une église de Pise, ce triptyque est l'un des meilleurs exemples du savoir-faire de Taddeo di Bartolo. Pour la première fois, le maître siennois y emploie le motif des séraphins remplaçant le trône ou le coussin de la Vierge. L'enfant met son doigt dans le bec du chardonneret, symbole de l'âme buvant le sang eucharistique qui la sauvera. A droite de la Vierge, saint Paul, Gérard de Villamagna et dans un médaillon, saint Grégoire; à gauche, saint André et saint Nicolas, et dans un médaillon, saint Louis, sont reconnaissables à leurs attributs.

Les figures sont disposées dans un décor d'architecture qui rappelle la nef et les collatéraux d'un édifice gothique, tandis que le dessin et les couleurs contribuent à donner une grande densité aux formes.

Ce panneau faisait partie d'un polyptyque à deux faces en forme d'arc de triomphe romain comptant quinze panneaux et une prédelle; il se trouvait à gauche du sujet central illustrant la Nativité. De 1495 à sa mort en 1523, Le Pérugin, qui fut le maître de Raphaël, travaille à cet ensemble démembré au XVIIe siècle. L'inachèvement de ce panneau, où les glacis manquent sur le manteau de la sainte et les pieds des deux personnages, permet d'en situer l'exécution à la fin de la vie du peintre. Sa grande qualité picturale le fait considérer comme étant du Pérugin lui-même, contrairement à la majorité des autres panneaux pour lesquels l'atelier dut beaucoup travailler.

Heinrich **Aldegrever** Paderborn, Allemagne, 1502 - Soest, Allemagne, vers 1558 · **Saint Jérôme et saint François** Lavis brun, rehauts blancs, encre brune sur papier · 15,5 x 12 cm · Provenance inconnue

Le **Pérugin** · **Pietro Vanucci, dit,** Città della Pieve, Italie, 1446 - Fontignano, Italie, 1523 · **Saint Sébastien et sainte Appoline** Tempera sur bois · 171,5 x 94 cm · Envoi de l'État, 1811

Hercule Avant 1600 · Bronze · 190 x 85 x 65 cm · Acquis en 1719 par la Ville de Grenoble et déposé au musée en 1998

Cette sculpture, qui a appartenu au duc de Lesdiguières (1543-1626) et se trouvait autrefois dans le parc du château de Vizille, puis dans un jardin du centre de Grenoble, du début du XVIIIᵉ siècle à 1989, était considérée comme l'un des plus anciens bronzes de la statuaire française.

Il s'agit cependant d'une statue de la Renaissance d'origine italienne représentant une figure à l'antique, comme le montrent les traits idéalisés du visage. Elle a sans doute été reprise au début du XVIIᵉ siècle par le sculpteur Jacob Richier (1585-1639), pour être adaptée à un ensemble décoratif.

Elle représente Hercule portant une massue sur l'épaule, ceint de la dépouille du lion de Némée et tenant dans sa main gauche les pommes du Jardin des Hespérides.

Malgré son état, dû en particulier à un séjour de plus de quatre siècles à l'extérieur et les dommages qu'elle a subis, cette sculpture frappe par la puissance de son allure, la qualité de ses formes et l'élégance de ses proportions.

Cette peinture fait partie d'un ensemble de quatre natures mortes attribuées à Osias Beert, l'un des peintres flamands présents au musée dès sa création. Les objets, composés dans un apparent désordre, sont vus dans leur intégralité grâce à la perspective plongeante. Les tulipes étaient passionnément recherchées à cette époque et les collectionneurs les acquéraient à des prix très élevés. Le coquetier tripode et le couteau au manche en damier sont tout aussi luxueux et témoignent également de l'amour de la beauté. Les autres éléments donnent sa portée morale à cette représentation: la rose au pétale tombé, la libellule fragile expriment la vanité des choses. Cette leçon reste discrète et laisse prédominer le plaisir du peintre fasciné par la richesse et la beauté.

Osias Beert Anvers, Belgique, vers 1580 - 1624 · **Fleurs, fruits, vases et autres objets** Huile sur bois · 52,3 x 73 cm · Déposé par l'administration départementale de l'Isère lors de la fondation du musée

La virtuosité de David Téniers, qui lui valut un succès considérable, l'a conduit à une production abondante. Il s'est illustré dans tous les genres, et principalement dans les scènes de la vie quotidienne. Ce tableau est composé selon un schéma souvent repris par l'artiste : pièce à angle droit et double hauteur. L'éclairage vient de deux sources : une fenêtre et une porte entrouverte. Cette disposition permet de répartir les personnages en deux groupes, celui des joueurs de cartes à gauche et celui des femmes et des enfants à droite. Au-delà de son symbolisme moralisateur, cette représentation, avec sa gamme restreinte de gris et d'ocres, offre une image réaliste de la vie populaire, que la facture de l'artiste transforme en un éblouissant ouvrage de peinture.

David II Téniers le Jeune Anvers, Belgique, 1610 - Bruxelles, Belgique, 1690 · **Partie de cartes dans une hôtellerie** Huile sur bois · 62 x 87 cm · Dépôt du musée du Louvre, 1937

Véronèse · Paolo Caliari, dit, Vérone, Italie, 1528 - Venise, Italie, 1588 · **Le Christ rencontrant la femme et les fils de Zébédée** Huile sur toile · 195,5 x 337 cm · Envoi de l'État, 1811

Le Parmesan· Francesco Mazzola, dit, Parme, Italie, 1503 - Casal Maggiore, Italie, 1540 · **Femme tendant les bras** Pierre noire, plume et encre noire, lavis gris sur papier bleu · 15,3 x 12,5 cm · Legs Léonce Mesnard, 1890

24 25

Ce tableau retrace un épisode biblique où la femme de Zébédée demande au Christ la faveur que ses fils siègent à ses côtés dans le Royaume des Cieux, à la surprise indignée des apôtres: Jacques le Majeur et Jean l'Evangéliste seront les deux derniers des douze apôtres choisis par le Christ.

La composition en frise possède un réel caractère monumental donné par les colonnes antiques, la taille des personnages dans la hauteur de la toile, la verticalité de leurs corps vêtus de draperies amples où dominent les trois couleurs primaires. La scansion régulière des verticales est savamment contrebalancée par la ligne brisée que constituent les bras et les mains des personnages.

La figure du Christ, décentrée, est encadrée par les deux colonnes et rendue plus présente encore par la lumière. L'ordonnance simple et puissante de ce tableau, la clarté de son récit, la qualité de son exécution, manifeste dans les têtes des personnages qui sont de véritables portraits, en font une œuvre qui compte dans la carrière de ce peintre. Elle a d'ailleurs appartenu à la collection de Louis XIV.

Peinte pour le maître-autel de
la Nouvelle Eglise des Jésuites à
Bruxelles, cette œuvre d'Abraham
Bloemaert est la plus importante
qui soit conservée de ce peintre
dans les collections publiques
françaises. La gamme colorée
dissonante ainsi que les
proportions des personnages,
leurs attitudes, l'extrême richesse
et le raffinement de leurs
costumes participent des canons
de beauté qu'ont élaborés les
maniéristes. Ces caractères sont
subtilement accentués par
l'étagement de la composition
dans un format très étiré à la
verticale, par le contraste entre
ses deux parties, ainsi que par la
distorsion dans l'échelle des
figures. Les grandes diagonales
qui structurent la scène,
l'exubérance colorée et formelle
montrent à quel point l'art
baroque trouve ses fondements
dans le maniérisme.

Abraham Bloemaert Gorinchem, Pays-Bas, 1564 · Utrecht, Pays-Bas, 1651 · **L'Adoration des mages** 1623 · Huile sur toile · 424 x 290 cm · Envoi de l'État, 1811

Ce petit tableau a figuré dans la collection du cardinal de Mazarin, puis dans celle du cardinal de Richelieu qui le vendit à Louis XIV en 1665. Il est un exemple important de la maîtrise atteinte par Annibale Carrache dans l'art du paysage. Le jeu d'équilibre des plans successifs, la répartition des groupes de personnages qui creuse peu à peu l'espace, le rendu minutieux des végétaux et des roches aboutissent à la création d'un paysage idéalisé. Annibale Carrache établit ici les fondements du classicisme qui servira de modèle jusqu'au XIXᵉ siècle.

Annibale Carrache Bologne, Italie, 1560 - Rome, Italie, 1609 · **Prédication de saint Jean-Baptiste** vers 1600 · Huile sur toile · 39 x 52 cm · Dépôt du musée du Louvre, 1897

Charles Le Nôtre a offert ce tableau à Louis XIV en 1693. Sa représentation est fidèle à l'iconographie biblique souvent représentée au Moyen Age: ainsi l'arbre à gauche est un figuier et non un pommier, et Adam et Eve sont vêtus de ses feuilles. Dieu le Père entouré des anges, dans un grand manteau flottant, est inspiré du Dieu le Père de la même figure peinte par Michel-Ange pour la «Création d'Adam», alors que les animaux qui peuplent le paysage apportent une note insolite: le mouton et le lion symbolisent la coexistence pacifique, concept répété à travers la représentation des autres animaux, tandis que le cheval indique l'apparition de la sensualité. La facture soignée de cette œuvre, les couleurs vives et profondes, le soin donné au paysage sont des éléments qui révèlent l'intérêt du Dominiquin pour la peinture nordique.

Le Dominiquin · Domenico Zampieri, dit, Bologne, Italie, 1581 · Naples, Italie, 1641 · **Dieu réprimandant Adam et Eve** vers 1623-1625 · Huile sur cuivre · 95,2 x 75,3 cm · Dépôt du musée du Louvre, 1897

Bernardo Cavallino, attribué à, Naples, Italie, 1616 - 1656 · **Christ mort** Huile sur toile · 35,2 x 43,5 cm · Don Jules Murzone, 1835 ou 1845

Mattia Preti Taverna, Italie, 1613 - Malte, 1699 · **Le Martyre de saint Pierre** vers 1640 · Huile sur toile · 336 x 242 cm · Acquis par la Ville de Grenoble, 1828

La scène du martyre est saisie à l'instant où elle atteint son maximum d'intensité, dans une pénombre entaillée de trouées lumineuses qui sont l'équivalent plastique de la violence et de la souffrance. La composition baroque organise dans un espace compact, à partir de deux diagonales — le buste de saint Pierre étant à leur croisement —, des masses qui semblent trop denses pour pouvoir être contenues par la forme verticale du tableau, qui ajoute à la violence.

Le luminisme dramatique et constructif, le réalisme dans l'expression de la violence révèlent pleinement l'enseignement du Caravage que Preti avait pu connaître dès sa formation. Ces éléments permettent de situer cette œuvre dans les années romaines (entre 1630 et 1650) de la longue carrière de Preti.

Ce tableau de Cavallino, avec sa composition, sa lumière et le sentiment de tristesse qui envahit la scène, appartient à la même tendance que l'œuvre précédente, bien qu'aucune violence ne s'y manifeste en action.

Bernardo Strozzi Gênes, Italie, 1581 - Venise, Italie, 1644 · **Le Christ à Emmaüs** Huile sur toile · 124 x 172 cm · Envoi de l'État, 1811

Cette peinture représente le moment où le Christ, en train de rompre le pain, est reconnu par les deux disciples d'Emmaüs. La vision rapprochée des personnages peints à mi-corps permet d'entrer plus facilement dans l'intimité de la scène et donne à l'artiste l'occasion de réaliser trois figures d'une grande finesse psychologique. La touche nerveuse et nourrie, les couleurs vives et certains détails très précieux, comme par exemple la robe bleue nuancée d'argent du disciple de droite, appartiennent à la période vénitienne de Strozzi, lorsque, ayant atteint sa pleine maturité, il a parfaitement assimilé la leçon de Caravage et l'a mise toute entière au service de son art.

Commandée par le pape Grégoire XIII pour une église romaine, cette œuvre fut finalement installée par Rubens lui-même à Anvers dans la chapelle où reposaient sa mère et sa femme, l'artiste déplorant les mauvaises conditions d'éclairage du lieu auquel elle était destinée. Son caractère monumental, son espace construit sans plans distincts, l'organisation des formes à partir de diagonales, la splendeur des costumes et l'ampleur des drapés, la facture large et aérée, le dialogue si étonnant de saint Papien et de sainte Domitille avec le spectateur et la théâtralité des postures marquent les fondements d'un langage nouveau: Rubens, alors dans la première période de sa carrière, après les années d'études où il avait assimilé la leçon des coloristes vénitiens et le sens de l'architecture des maniéristes, inventait les composantes baroques de son art.

Pierre-Paul Rubens Siegen, Allemagne, 1577 · Anvers, Belgique, 1640 · **Saint Grégoire pape, entouré de saints et de saintes, vénérant l'image miraculeuse de la Vierge à l'Enfant, dite de Santa Maria in Vallicella** 1606-1607 · Huile sur toile · 477 x 287,5 cm · Envoi de l'État, 1811

Commandée en 1622 pour
orner une église de Courtrai,
cette peinture monumentale
est un hymne à sainte Catherine
tel que l'esprit de la Contre-
Réforme en inspirait pour faire
renaître le culte des saints et
de la Vierge. Aucune marque de
souffrance dans ce martyre: les
visages sont calmes, les corps
jeunes et beaux. Le bleu, le
rouge, le jaune dominent, mais
avec des modulations rares
(ainsi celles du gris bleuté du
cheval), qui sont rendues plus
sonores par la dissonance du
mauve de la robe de sainte
Catherine. Le faste de ces
couleurs et le mouvement qui
parcourt cette œuvre en font
l'une des plus réussies de cet
artiste.

Caspar de Crayer Anvers, Belgique, 1584 - Gand, Belgique, 1669 · Le Martyre de sainte Catherine vers 1622 · Huile sur toile · 242 x 188 cm · Envoi de l'État, 1803

Francisco de Zurbarán Fuente de Cantos, Espagne, 1598 - Madrid, Espagne, 1664 · **L'Annonciation** 1638-1639 · Huile sur toile · 266 x 184,5 cm · Don général de Beylié, 1904

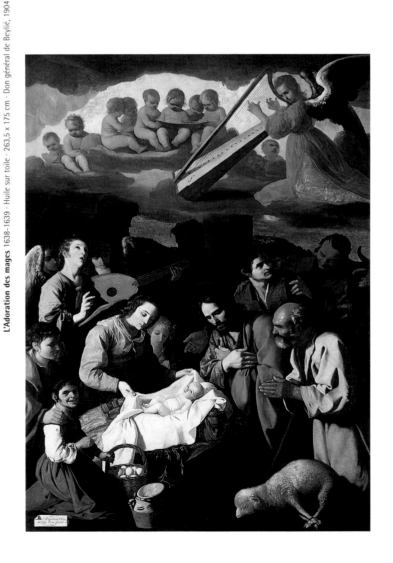

L'Adoration des mages 1638-1639 · Huile sur toile · 263,5 x 175 cm · Don général de Beylié, 1904

Les quatre tableaux du Musée de Grenoble, peints par l'un des grands peintres espagnols du Siècle d'or, ont été exécutés en 1638-1639 et proviennent d'un retable démesuré de la chartreuse de Jerez de la Frontera, non loin de Cadix. Au centre se trouvait «La Bataille de Jerez» (New York, Metropolitan Museum) qui évoque un épisode de l'histoire espagnole au Moyen Age. Ces quatre peintures se trouvaient sur deux étages avec, de part et d'autre du panneau central, à gauche «L'Annonciation», à droite «L'Adoration des bergers», en haut à gauche «L'Adoration des mages», en haut à droite «La Circoncision». Dans la partie inférieure, se dressaient les figures isolées de saint Jean-Baptiste et de saint Laurent (musée de Cadix). Ces tableaux retiennent l'attention par leur composition monumentale, tout autant que par la construction de leurs formes, affirmée par la précision du contour et le modelé des volumes. L'ensemble s'appuie sur une utilisation puissante du clair-obscur qui n'exclut pas l'usage de la couleur et des blancs éclatants. Le sens de l'action, de la mise en scène, du naturalisme, de l'expressivité dramatique témoignent de la dette de Zurbarán à l'égard du maniérisme et de l'art du Caravage et lui permettent de composer un univers où dominent plus que tout les formes et les couleurs.

L'Adoration des bergers 1638 · Huile sur toile · 266 x 185 cm · Don général de Beylié, 1904

La Circoncision 1638-1639 · Huile sur toile · 263 x 175 cm · Don général de Beylié, 1904

Ce tableau suscita l'admiration de Rembrandt dont Van den Eeckhout fut l'élève et l'ami. Il représenterait le père du peintre. L'attention est portée sur la fragilité du personnage que le métier parvient bien à exprimer: sur les traits fatigués et les mains, dont l'épaisseur traduit l'âge du modèle peut-être plus que l'usure du travail, sont passés des glacis légers de tons chauds. Le symbolisme souvent attaché à ce type de portrait lui donnerait, par la représentation d'un clou en trompe-l'œil sur l'appui de la fenêtre, valeur de vanité.

Gerbrand Van den Eeckhout Amsterdam, Pays-Bas, 1621 - 1674 · **Portrait de Jan Pietersz Van den Eeckhout, père de l'artiste** 1644 · Huile sur bois · 76 x 57,5 cm · Acquis en 1825

Paulus Morelsee Utrecht, Pays-Bas, 1571 - 1638 · **Jeune bergère** Huile sur toile · 67,5 x 52,5 cm · Acquis en 1799

La pastorale de Morelsee
contraste avec ce beau portrait
psychologique. Elle évoque
une déesse de l'amour rendue
piquante par le regard vif sous
le chapeau fleuri gaillardement
incliné tout autant que par
le sein largement dénudé. La
sobriété de la représentation
laisse goûter le beau métier
du peintre.

Réalisé à Amsterdam, ce tableau
conserve le souvenir des études
de paysages avec ruines faites à
Rome, où Breenbergh a séjourné
de 1620 à 1633. Le sujet est
la découverte par Diane de la
grossesse de Callisto dont le
châtiment consistera à être
métamorphosée en ourse: ainsi
s'explique le bras levé de la
déesse à l'index pointé vers deux
colombes voletant dans le ciel,
la surprise de la servante noire
et l'expression renfrognée de
Callisto, dont le corps est à demi
couvert d'une lourde pelisse
brune. L'élégance du récit
mythologique, la délicatesse du
paysage, la finesse de la lumière
parfaitement observée, la
préciosité de la nature morte qui
regroupe les attributs de la
chasseresse et le coffret de ses
bijoux, le groupe pyramidal,
composé de Callisto debout et
butée dans son silence, Diane,
dont le corps s'étire en une
longue arabesque, et des trois
servantes, la facture enfin,
précise et néanmoins sensuelle,
tous ces éléments désignent un
grand peintre.

Bartholomeus Breenbergh Deventer, Pays-Bas, vers 1600 - Amsterdam, Pays-Bas, avant 1657 · **Le Châtiment de Callisto** Huile sur bois · 37 x 48,7 cm · Don Auguste Génard, 1899

Bartholomeus Breenbergh · **Ruines romaines** vers 1629 · Pierre noire, lavis brun sur papier crème · 15 x 21,2 cm · Legs Léonce Mesnard, 1890

Claude Vignon Tours, 1593 - Paris, 1670 · **Jésus parmi les docteurs** 1623 · Huile sur toile · 153 x 224 cm · Envoi de l'État, 1811

Ce tableau illustre un épisode de la vie du Christ, lorsque, âgé de douze ans, «assis au milieu des docteurs [du Temple], les écoutant et les interrogeant, [...] tous ceux qui l'entendaient étaient stupéfaits de son intelligence et de ses réponses».

Le fond nu, animé par un rai de lumière oblique, le cadrage rapproché, les types populaires, les éclairages vigoureux montrent une profonde connaissance de l'œuvre du Caravage et de Manfredi.

La composition, encombrée de personnages, est solidement architecturée: le Christ en est la figure centrale à partir de laquelle les figures se lient en une longue arabesque qui donne son intensité dramatique à la scène, accrue par le clair-obscur. A cette leçon de l'école romaine, Vignon ajoute des caractères stylistiques qui lui sont propres, telle cette manière de peindre avec des empâtements grumeleux ou gravés, un coloris rutilant qui accorde le bleu, le lilas et les rouges profonds.

Blanchard a représenté saint Jérôme vêtu de rouge, alors qu'il ne fut jamais cardinal, écrivant dans une grotte sous l'inspiration divine. Il a peint ce tableau vers 1631-1632 encore influencé par l'Italie, où il a séjourné, et la peinture vénitienne.

Le vieillard est décrit sans concession, au moyen d'un clair-obscur vigoureux et d'un solide modelé, et dans une facture énergique et sensuelle. La tension intellectuelle est bien traduite par le mouvement du corps et la composition installée sur une diagonale expressive.

Jacques Blanchard Paris, 1600 - 1638 · **Saint Jérôme** vers 1631-1632 · Huile sur toile · 113,7 x 77,4 cm · Acquis en 1990

Ce tableau de Georges de La Tour, entré au musée dès sa création, en est l'une des œuvres les plus remarquables.
Il représente saint Jérôme pénitent, vivant dans la nudité et la mortification. La Bible ouverte posée contre un crâne et le crucifix ne le retiennent pas: il est perdu dans l'adoration et son attitude indique une détermination que la vieillesse, détaillée sans dureté mais avec une précision clinique, ne tempère pas. Dans cet espace aride semé de quelques pierres, la silhouette du vieillard est placée en contrebas et semble cassée pour s'adapter au format. Le chromatisme froid est limité aux gris, aux ocres, au blanc, au rouge et au bleu des deux lettrines. Toute l'attention se porte sur l'extraordinaire arabesque du corps, longue et tenue dans sa trajectoire, et celles en écho des ombres nettes, ainsi que sur la virtuosité de l'écriture picturale.
Au moment où elle semble dire la décrépitude humaine, cette grande œuvre austère et intense célèbre davantage, comme l'écrit Jacques Thuillier, le «mystère le plus secret des certitudes spirituelles».

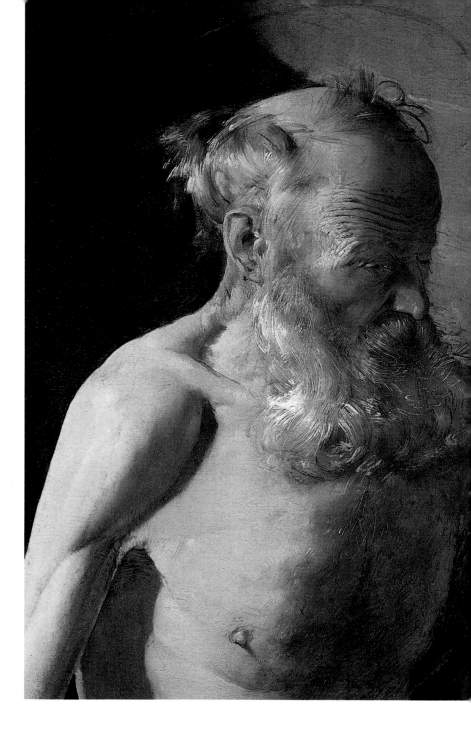

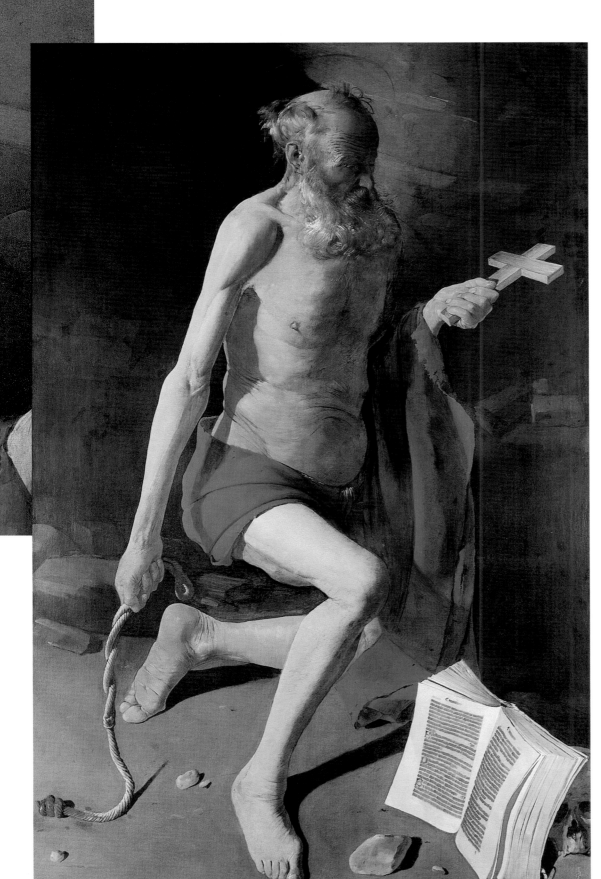

Georges de La Tour Vic-sur-Seille, 1593 · Lunéville, 1652 · **Saint Jérôme pénitant** vers 1639 · Huile sur toile · 156,5 x 100,8 cm · Recueilli par l'administration départementale de l'Isère

Simon Vouet Paris, 1590 - 1649 · **Le Christ apparaissant à saint Antoine abbé** vers 1638-1640 · Huile sur toile · 278 x 163 cm · Envoi de l'État, 1799

Peint pour la chapelle de l'Oratoire Saint-Honoré à Paris, ce grand tableau théâtral renouvelle la présentation de la tentation de saint Antoine: Vouet a choisi de montrer le saint secouru dans son délire par l'apparition du Christ, qui tend vers lui une main apaisante, tandis qu'une créature ailée s'enfuit à la vue de l'ange. La composition oppose ainsi, entre deux obliques ascendantes parallèles, sur deux plans étagés en profondeur, les deux registres, terrestre et céleste. Cet étagement est animé de courbes et de contre-courbes et l'utilisation modérée du clair-obscur permet de retenir l'essentiel des formes, notamment celles des objets posés au sol.

Il y a là un art de l'ellipse qui s'accorde avec l'élégance et la gravité de la représentation. La couleur, où le jaune et les gris colorés dominent, devient ici symbolique du combat de la lumière et des ténèbres.

Simon Vouet Paris, 1590 - 1649 · **Le Repos de la Sainte Famille** vers 1640 · Huile sur bois · 200 x 128 cm · Envoi de l'État, 1799

La mort de saint Joseph est un sujet souvent traité dans la peinture du XVIIe siècle. Jacques Stella multiplie les détails qui font de la mort de Joseph un «exemplum mortis», destiné à servir de modèle à tout homme. La pâleur cadavérique de l'agonisant et son geste d'angoisse vont de pair avec les allusions à sa condition de charpentier.

Le décor est minutieusement décrit. La Vierge debout est accablée, tandis que le Christ, affable, symbolise le chemin vers l'éternité. Avec son coloris, sa lumière, ses figures expressives, son décor, sa mise en scène, ainsi que les rapports directs qu'elle manifeste avec l'art de Poussin, cette peinture de la fin de la carrière de Jacques Stella s'affirme comme l'un de ses chefs-d'œuvre.

Jacques Stella Lyon, 1596 - Paris, 1657 · **La Mort de Joseph** vers 1655 · Huile sur toile · 66 x 82 cm · Don de la Société des amis du Musée de Grenoble, 1998

Claude Lorrain · Claude Gellée, dit, Chamagne, 1600 - Rome, Italie, 1682 · **Campagne romaine, effet du matin** vers 1644 · Huile sur toile · 98 x 137 cm · Acquis par la Ville de Grenoble, 1719

Ce paysage de Claude est
composé à partir d'éléments
imaginaires et réels étudiés dans
la campagne romaine. Ces lieux
ont été abondamment dessinés
sur place et apparaissent ici
dans une ordonnance idéale, qui
permet au paysage de s'offrir
comme une méditation sur la
destinée de l'homme. La
présence des ruines inscrit les
effets du temps dans une nature
où l'observation de la lumière du
matin et la présence de l'homme
dans le paysage suggèrent une
réflexion sur la succession
des jours et sur la relation de
l'homme avec la nature.
La science de la couleur à
laquelle est parvenu Claude dans
le rendu perspectif lui permet
d'augmenter la suggestion de
l'espace par des dégradés
nombreux. Hommes et
éléments du paysage
s'harmonisent par des
correspondances colorées
idéales.

Charles Le Brun, École de, Paris, 1619 - 1690 · **La Madeleine dans le désert** vers 1656-1657 · Huile sur toile · 358 x 255 cm · Dépôt de l'État, 1799

Ce tableau représente Marie-Madeleine en pénitente avec les instruments de la mortification, dans la grotte de la Sainte-Baume, voisine de l'abbaye de Saint-Maximin. Le plant de chardon, aux larges feuilles charnues, a une valeur symbolique très large: il évoque la Passion du Christ couronné d'épines, l'immortalité ne fanant pas, et le retrait du monde puisqu'il envahit les terres en friche. Il est aussi dédié à la Vierge pour le lait de certaines de ses variétés. Cette œuvre a été probablement peinte par un élève de Charles Le Brun d'après un dessin ou une esquisse du maître qui y aurait donné la dernière main. Les détails sont fascinants: on admirera ainsi l'exécution savoureuse de l'expression de tristesse et de la chevelure de la sainte, les beaux empâtements qui façonnent les traits du visage, la qualité de l'observation des détails réalistes. Mais ce qui frappe surtout dans cette composition, c'est l'importance accordée au paysage. La grotte encaissée où la lumière du matin durcit les contrastes, la figure couchée dans ce cadre et le chardon, d'une telle présence, la gamme colorée presque crayeuse frappent par leur nouveauté et leur grande qualité poétique.

Philippe de Champaigne Bruxelles, Belgique, 1602 - Paris, 1674 · L'Assomption vers 1638-1640 · Huile sur toile. 351 x 179 cm · Dépôt de l'État, 1799

Philippe de Champaigne Bruxelles, Belgique, 1602 - Paris, 1674 · Le Christ mort sur sa croix 1655 · Huile sur toile · 227 x 212 cm · Recueilli par l'administration départementale de l'Isère, 1799

Dans cette assomption de la Vierge, élevée au ciel par des anges, une palme du Paradis à la main, en présence de onze apôtres, la composition étage deux registres éclairés par la lumière dorée qui rayonne de la figure centrale. La scène terrestre montre les apôtres dont les visages expriment différents sentiments. Une même diagonale unit le premier plan, avec saint Jean et saint Pierre, au registre supérieur, traduisant l'ascension irrésistible de la Vierge. L'échappée sur un paysage qui s'éclaircit aère cette composition qui reste structurée malgré son dynamisme. L'influence de la culture flamande de Champaigne est encore manifeste dans la lumière et les reflets, l'emploi de couleurs vives et la sensualité de la facture. L'articulation nette des masses et des groupes et le calme des gestes rattachent Champaigne à l'école française.

«Le Christ mort sur sa croix» a été commandé pour la Grande Chartreuse, proche de Grenoble. Le parti très simple de la composition qui divise la toile en quartiers égaux, la soumission des formes au cadre, leur frontalité, le métier si abstrait en font un parfait exemple du classicisme. C'est dans la position à peine décalée de la croix, reprise par l'éclairage directionnel, et dans celle de la traverse haussée jusqu'au bord supérieur du support que s'exprime le drame de la mort du Christ. La gamme colorée si austère, le luminisme de l'éclipse de soleil, le dessin analytique, le vide abstrait de l'espace invitent à la vie contemplative et à l'intériorité ascétique.

Philippe de Champaigne Bruxelles, Belgique, 1602 - Paris, 1674 · Louis XIV, au lendemain de son sacre, reçoit le serment de son frère Monsieur, duc d'Anjou, comme chevalier de l'Ordre du Saint-Esprit à Reims le 8 juin 1654 · 1654 · Huile sur toile · 292 x 399 cm · Envoi de l'État, 1811

Comme «Le Christ mort sur la croix», ce portrait de l'abbé de Saint-Cyran, qui fut le véritable père spirituel du jansénisme, est un bel exemple de l'art de Philippe de Champaigne. L'abbé est représenté en buste derrière un parapet dans une position étrangement monolithique, à peine de trois quarts gauche, tel un buste funèbre. Le parti pris de composition très simple, le métier sec et précis montrent à quel degré d'abstraction l'artiste est parvenu.

Philippe de Champaigne Bruxelles, Belgique, 1602 - Paris, 1674 · Portrait de l'abbé de Saint-Cyran vers 1646-1647 · Huile sur toile. 73 x 58 cm · Acquis en 1823

Laurent de La Hyre Paris, 1606 - 1656 · **L'Apparition du Christ aux pèlerins d'Emmaüs** 1656 · Huile sur toile · 162,5 x 178,5 cm · Acquis par l'administration départementale de l'Isère, 1799

Ce tableau a été peint pour la Grande Chartreuse, près de Grenoble, un an après «Le Christ mort sur la croix» de Philippe de Champaigne. Construite selon une ordonnance rigoureuse et mathématique, cette représentation des disciples d'Emmaüs est dominée par l'orthogonalité des formes et leur soumission au cadre. Ainsi, le groupe du Christ et des disciples s'inscrit dans un rectangle solidement structuré par des aplats de couleur et parallèle au plan du tableau limité par les deux grandes verticales des colonnes du temple, à gauche, et du seuil d'une demeure, à droite.

Cette tension d'une géométrie volontaire est compensée par l'évocation d'un vaste paysage dans lequel s'inscrit la scène religieuse: paysage naturel à la végétation abondante qui ferme un paysage architectural humanisé par quelques silhouettes affairées peintes dans des teintes claires et douces, en transparence.

Eustache Le Sueur Paris, 1616 - 1655 · L'Ange Raphaël quittant Tobie et sa famille vers 1647 · Huile sur toile · 173 x 215 cm · Acquis entre 1825 et 1830

Cette œuvre fait partie d'un ensemble qui décorait un hôtel à Paris et devait se trouver au centre d'un plafond. Le Sueur y montre une maîtrise parfaite de l'art de la perspective, tant linéaire qu'atmosphérique, dont la mise en œuvre était très controversée à son époque. La solidité de cette représentation vue en contre-plongée est apportée par l'architecture: la base et les fûts de colonnes d'un temple dorique et l'emmarchement. Dans le cadre pur et austère censé représenter leur demeure, l'apparition de Tobie et de sa famille, prosternés dans une attitude pleine d'humilité et de ferveur, celle, toute proche, de la chèvre et du bouquetin, sont d'une étonnante poésie que la couleur vient confirmer. Toute en demi-teintes et en glacis, claire, presque acidulée en certaines parties du ciel, transparente, elle donne à la scène sa fraîcheur et sa subtilité.

Louis Boullogne Le Jeune Paris, 1654 - 1733 · **Apollon et Daphné**

Pierre noire, lavis gris, rehauts de gouache blanche sur papier chamois · 27,8 x 34,2 cm · Legs Léonce Mesnard, 1890

Louis Boullogne a représenté dans cette scène des «Métamorphoses» d'Ovide le moment où Daphné, fuyant devant Apollon, sent son corps s'alourdir, ses membres se pétrifier et se couvrir de feuilles de laurier. Elle se métamorphose peu à peu en arbuste pour échapper aux élans amoureux d'Apollon. Le canon élégant des figures, un enjouement et un naturel pleins de grâce se dégagent de cette scène dessinée avec entrain.

Jean-Antoine Houdon Versailles, 1741 - Paris, 1828 · **Buste de Barnave** vers 1790 · Terre cuite · 75 x 50 x 27 cm avec piédouche · Don comte de Bouchange, 1851

transformations

Le XVIIIe siècle est tout entier
consacré à l'art français et à la
peinture italienne. Il est illustré
par le magnifique tableau de
Jean Restout, d'ailleurs peint
pour une église de Grenoble:
ce témoin exemplaire de l'art
baroque voisine avec des
portraits de Largillière, des
scènes de fantaisie de Watteau
et de Pater, des natures mortes
de Desportes, qui traduisent à la
fois le style de ces artistes et
une vision de la société, tandis
que Canaletto et Guardi
montrent à Venise leur façon de
représenter le paysage,
l'architecture et la lumière. Les
changements qui surviennent à
l'époque sont parfaitement
traduits par la suite des tableaux
de Vien, Durameau, Brenet et
la célèbre sculpture en terre
cuite de Houdon représentant
Barnave, l'un des acteurs de la
Révolution française, originaire
du Dauphiné. Le néo-classicisme
peut ensuite se déployer avec
des tableaux et des dessins de
Peyron, David, Ingres, Gérard,
Girodet, des paysages de Boguet
et de Michallon, la sculpture si
sensuelle et si abstraite de
Pradier et la peinture de Picot,
dont le sentiment qui l'anime
est tout entier celui du
romantisme. Ce mouvement se
déploie avec la série des
tableaux «troubadours», qui est
ici représentée au plus haut
par un sujet historique de
Laurent et avec les compositions
de Delacroix, Chassériau
et Scheffer.

La sculpture de Bartholdi
représentant l'illustre
Champollion, après avoir connu
de nombreuses avanies, a enfin
retrouvé les salles du musée en
même temps que son éclat,
tandis que la fin du XIXe siècle
se trouve illustrée par des
tableaux de l'école dauphinoise
de paysage et quelques œuvres
majeures de l'impressionnisme.

Jean-Antoine Houdon

Jean Restout

Nicolas de Largillière

Giambattista Tiepolo

François Desportes

Jean-Baptiste Pater

Jean-Antoine Watteau

Canaletto

Francesco Guardi

Gabriel-François Doyen

Jean-François-Pierre Peyron

Jacques-Louis David

Nicolas-Didier Boguet

Achille-Etna Michallon

Jean-Auguste-Dominique Ingres

François Gérard

Anne-Louis Girodet

Ary Scheffer

Eugène Delacroix

Théodore Chassériau

François-Édouard Picot

James Pradier

Jean-Antoine Laurent

Frédéric-Auguste Bartholdi

Laurent Guétal

Jean Achard

Henri Regnault

Gustave Doré

Henri Fantin-Latour

Alfred Sisley

Claude Monet

Dans «Le Martyre de saint André», peint pour la collégiale Saint-André de Grenoble, la composition, fondée sur le croisement des diagonales, ordonne les personnages autour de saint André, placé au centre de la toile. Les silhouettes très longues, les attitudes complexes et élégantes ne sont pas sans un certain maniérisme. Les qualités de dessinateur de Restout et son goût pour les choses apparaissent dans les belles notations de draperies et d'objets au premier plan. L'espace est un riche camaïeu de tons ocres et gris, peint dans une pâte légère et souple, très caractéristique de son art. La représentation et le rendu de la lumière dans un ciel d'orage, le mouvement des formes, l'harmonie des couleurs donnent à cette peinture son lyrisme et son emphase, bien dans l'esprit du baroque.

Jean **Restout** Rouen, 1692 - Paris, 1798 · **Le Martyre de saint André** 1749 · Huile sur toile. 360 x 235 cm · Envoi de l'État, 1799

Dans ce portrait, la composition d'une simplicité confondante — personnage en pleine page vu à mi-corps, le visage de face, le corps inscrit de biais — laisse s'imposer l'extraordinaire modulation de la couleur et la facture éblouissante, celle du manteau brun-rouge dont les plis cassants sont soulignés tantôt de traînées blanches en pleine pâte, tantôt de dorures qui rappellent l'art de Rembrandt, et celle du fond où les végétations rousses et le ciel bleu nuit sont des morceaux de pure liberté picturale.

Nicolas de Largillière Paris, 1656 - 1746 · **Portrait de Jean Pupil de Craponne** 1708 · Huile sur toile. 83 x 69 cm · Acquis en 1833

Giambattista Tiepolo Venise, Italie, 1696 - Madrid, Espagne, 1770 · **La Mort de Caton d'Utique** Plume et lavis brun · 27 x 41 cm · Legs Léonce Mesnard, 1890

Desportes organise les différentes parties de ce tableau décoratif avec un sens de la composition où triomphe l'emploi des diagonales. Dans ce jeté apparemment désordonné d'animaux, de fleurs et de fruits, son sens de la narration lui permet de symboliser les éléments et les sens. La peinture exacte des matières et la description précise des choses montrent un métier exigeant qui se souvient autant de l'art des Flamands que de celui de Rigaud, dont il avait été l'assistant. Tous ces savoirs permettent à Desportes de créer une image somptueuse qui participe du goût pour l'opulence décorative caractéristique de l'époque de la Régence.

François Desportes Champigneulles, 1661 - Paris, 1743 · **Animaux, fleurs et fruits** 1717 · Huile sur toile · 124 x 231 cm · Envoi de l'État, 1799

Jean-Baptiste Pater Valenciennes, 1695 - Paris, 1736 · **Baigneuses dans un parc** vers 1736-1737 · Huile sur toile · 65 x 83 cm · Acquis en 1890

Le thème des jeunes baigneuses dans un parc, évoluant dans un cadre imaginaire, inspiré de l'œuvre de Watteau, dont un dessin évoque ici de façon caractéristique l'univers poétique, revient avec régularité dans l'œuvre de Pater. La scène est le prétexte à de discrètes allusions érotiques. Mais l'amour et la sensualité y sont volontiers teintés d'élégie. La figure du dieu-fleuve au dessus de la fontaine est montrée dans l'attitude traditionnelle de la mélancolie. En fait, Pater insiste davantage sur la solitude des êtres et l'incommunicabilité des sentiments. Les couleurs fondues, la lumière délicate, les formes évanescentes et le «non finito», qui semble aider à traduire la subtilité des intentions, sont caractéristiques de son style et des œuvres de sa dernière période qui dépeignent un monde étrange et poétique.

Jean-Antoine Watteau Valenciennes, 1684 - Nogent-sur-Marne, 1721 · **Étude de personnages** Sanguine sur papier crème · 9,2 x 13,2 cm · Legs Léonce Mesnard, 1890

Ce paysage montre l'équilibre qui unit les œuvres humaines et la nature dans l'un des sites les plus représentatifs de Venise, à l'entrée du Grand Canal. A partir d'un premier plan composé d'une balustrade de pierre et d'un embarcadère de bois, il laisse entrevoir sur la droite le Fontighetto della Farina (aujourd'hui démoli) et sur la rive opposée, la pointe de la Douane et la basilique de Santa Maria della Salute aux volutes caractéristiques. A l'arrière-plan, on distingue en partie la Giudecca; à gauche, l'église Saint-Jean-Baptiste aujourd'hui démolie; au centre, l'église du Rédempteur d'Andrea Palladio. Le point de vue choisi par Canaletto a permis de découvrir un large horizon panoramique où l'échelle des constructions et des personnages est réduite tandis que le canal et la lagune se découvrent largement et que le ciel immense envahit la moitié de la toile. La lumière vient de gauche et suggère le petit matin. Les gris clairs dominent la palette colorée, juste rehaussée de couleurs plus chaudes sur certains édifices et des accents jaune, rouge et bleu vif des vêtements des personnages. La longue oblique du quai introduit subtilement le spectateur dans le tableau depuis l'angle inférieur gauche de telle sorte qu'il contemple, tel le petit personnage en bleu accoudé à la balustre, cet instant de beauté enfermé dans le format le plus propice à dire l'harmonie: le carré.

Ce tableau fait partie d'une série de douze œuvres représentant les cérémonies liées à l'élection du Doge de Venise en 1763. Le Doge est ici transporté à dos d'homme sur la place Saint-Marc, distribuant des pièces à la foule. Des gondoliers munis de longs bâtons lui ouvrent le passage. La vue en perspective de la place débouchant sur la basilique, envahie par le monde, montre chez Guardi une grande maîtrise de la composition et une vivacité narrative qui lui permettent de conjuguer l'art de la grande vue au sens du détail, même le plus petit, par une conduite savante de la lumière et de la couleur.

Francesco Guardi Venise, Italie, 1712 - 1792 · **Le Doge de Venise porté par des gondoliers après son élection sur la place Saint-Marc** Huile sur toile · 67 x 100 cm · Envoi de l'État, 1811

Cette étude du «Martyre de saint Sébastien» révèle la hardiesse du style de Doyen, tant dans la composition que dans l'attitude des figures. L'emploi d'une double perspective (les figures à l'arrière-plan sont aperçues d'en haut, tandis que le putto tenant la palme et la couronne du martyr est vu d'en bas en raccourci) crée un décalage spatial, donnant davantage de profondeur à la scène. Le corps nu du martyr, dont la musculation est mise en relief par des rehauts de blanc, constitue un axe visuel tout à la fois complexe et évident.

Gabriel-François Doyen Paris, 1726 - Saint-Pétersbourg, Russie, 1806 · Le Martyre de saint Sébastien Plume et encre brune, lavis brun, rehauts de gouache blanche sur papier bleu · 44,2 x 35,3 cm · Provenance inconnue

Ce dessin représente de façon caractéristique le style du néo-classicisme français par son sujet moralisateur et sa composition en frise. La scène représente le héros romain Marcus Curius Dentatus qui, ayant renoncé à la vie publique, refusa les présents en or qu'on lui offrait pour se rallier à une cause étrangère. Dans cette étude finie où les formes sont dessinées avec précision et disposées dans un espace peu profond, Peyron, qui fut le rival malheureux de David, révèle son art de la mise en scène et la qualité de sa sensibilité.

Jean-François-Pierre Peyron Aix-en-Provence, 1744 - Paris, 1814

Curius Dentatus refusant les présents des ambassadeurs samnites vers 1786 · Plume et encre noire, lavis gris, rehauts de blanc sur papier chamois · 37,5 x 53,8 cm · Acquis en 1801

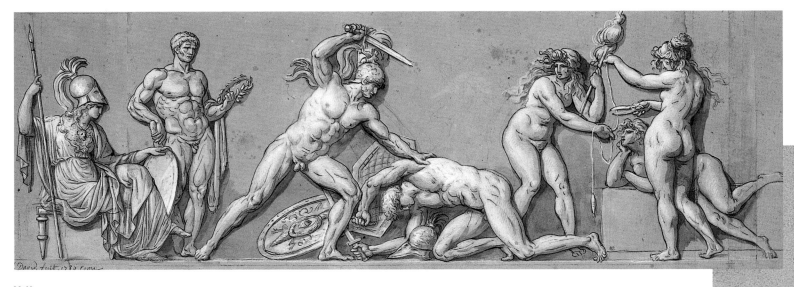

Lors de son premier séjour à Rome, de 1775 à 1780, Jacques-Louis David a longuement étudié les œuvres d'art de l'Antiquité et s'est trouvé plongé dans le mouvement néoclassique qui débutait. Ce dessin, exécuté l'année même de son retour en France, est caractéristique des préoccupations de cette époque: il évoque un bas-relief antique composé en frise et représentant un combat de héros. Le sujet, qui est peut-être en rapport avec un épisode de «L'Iliade» et l'histoire de Patrocle, montre bien avec ses deux figures centrales construites dans un triangle et les deux groupes qui l'encadrent, la mise en place de l'esthétique néoclassique de David par la stylisation des formes, la recherche des rythmes et l'agencement des figures dans un espace sans profondeur.

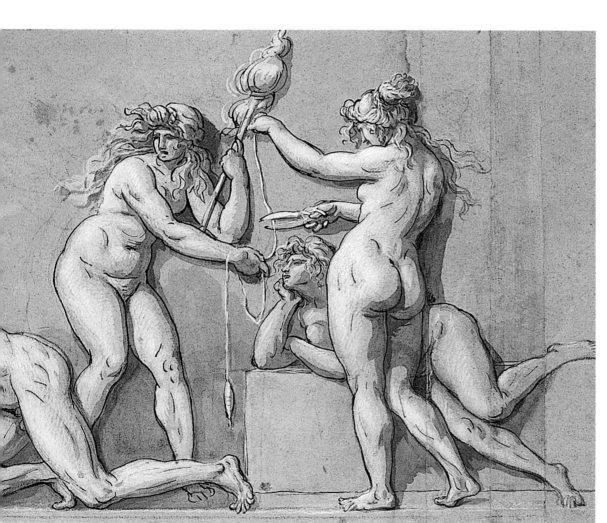

Jacques–Louis David Paris, 1748 - Bruxelles, Belgique, 1825 · **Frise à l'antique** 1780. Plume et encre noire, taches grises, rehauts de gouache blanche sur papier gris-bleu · 26,8 x 74,6 cm · Legs Aristide Rey, 1931

Nicolas-Didier Boguet Chantilly, 1755 · Rome, Italie, 1839 · **Vue du lac d'Albano** 1795 · Huile sur toile · 178 x 261 cm · Don général Marchand, 1845

Le paysage représente le lac volcanique d'Albano, à une vingtaine de kilomètres au sud-est de Rome, le long de la via Appia. Boguet y avait sa demeure, où l'ont visité Granet et Stendhal, qui évoque Boguet dans les «Mémoires sur Napoléon» comme «un élève de Claude Lorrain, et le meilleur». Boguet représente presque toujours des sites réels.

La lumière fine et cristalline, ici légèrement mauve, la méthode de composition en coulisse avec le subtil équilibre entre les arbres admirablement groupés et les fabriques de gauche, les déclinaisons chromatiques animées çà et là de notes vives de jaune ou de rouge et la minutie dans le réglage des plans où se répartissent lavandières, troupeaux et silhouettes de pins parasols, font de cette pastorale, nourrie de pureté virgilienne, l'un des chefs-d'œuvre de la peinture de paysage néoclassique.

Michallon, qui a été l'élève de Jean-Victor Bertin et de Valenciennes, a gagné en 1817 le premier Prix de Rome du paysage historique. Ce tableau, peint vers 1821, sans doute à son retour d'Italie, est une esquisse montrant un paysage recomposé pour les besoins d'une scène historique, mais dont tous les éléments procèdent d'une étude d'après le motif. La puissance de la composition, avec le jeu des plans, les contrastes de lumière, l'harmonie colorée et le lyrisme de la vision montrent l'originalité du style de cet artiste, malheureusement trop tôt disparu.

Achille-Etna Michallon Paris, 1796 - 1822 · **Paysage historique** Huile sur papier marouflé sur toile · 29,8 x 42,5 cm · Don de la Société des amis du Musée de Grenoble, 1997

Jean-Auguste-Dominique Ingres Montauban, 1780 - Paris, 1867 · **Portrait de Mme Gaudry** 1864 · Huile sur toile · 33,5 x 33,5 cm · Dépôt du musée du Louvre, 1976

Dans ce portrait, Ingres, grâce
à l'emploi d'une frontalité
rigoureuse, accentue la symétrie
de la composition, qui soumet
la forme au cadre qu'elle emplit
totalement. La pointe du nez
vient ainsi se situer au centre
du cercle, et les longues courbes
des sourcils arqués, des
bandeaux et des contours du
visage ovale participent au plan
du tableau, annulant le modelé
des formes. Cette géométrie et
cette simplification confèrent au
visage la force fascinante d'un
masque et donnent au modèle
le caractère implacable d'une
déesse.

François Gérard Rome, Italie, 1770 - Paris, 1837 · **Flore caressée par Zéphyr** vers 1802 · Huile sur toile · 169 x 105 cm · Don général de Beyliê, 1900

Gérard a représenté de façon allégorique la déesse Flore avançant sur le monde, les bras croisés dans un geste de pudeur inutile, enveloppée d'un voile dont Zéphyr, invisible, la déshabille. Elle parsème le globe de fleurs. Le fond du tableau est vide comme la terre qu'elle parcourt. Toute l'attention du spectateur se concentre sur cette figure. Les yeux mi-clos, les lèvres entrouvertes par l'extase, elle jouit des caresses du vent, impudique et innocente. Le sujet est léger, transparent, prétexte seulement à peindre un corps de femme. Couleurs, dessins, formes, sujet et titre conjuguent les caractéristiques de l'art de Gérard, élève de David et l'un des peintres les plus originaux du néoclassicisme français.

Anne-Louis Girodet Montargis, 1767 - Paris, 1824 · **Portrait de Benjamin Rolland** 1816 · Huile sur toile · 64 x 53 cm · Acquis en 1847

Benjamin Rolland, élève de David, est surtout connu à Grenoble pour avoir été le deuxième conservateur du musée, fonction dont il fut chargé en 1817. Son portrait par Girodet, lui aussi élève de David, met l'accent sur le traitement de la tête et de la cravate blanche, qui sont achevées, tandis que le fond correspond à la préparation blanche du support sur laquelle sont simplement esquissés le col et l'habit, comme le vêtement et la chevelure. Peint en quelques séances, ce portrait montre le souci de Girodet d'exprimer la vérité du personnage sans aucun apprêt. Le «détourage» cerne avec une probité exemplaire le portrait moral du modèle.

Ary Scheffer Dordrecht, Pays-Bas, 1795 · Argenteuil, 1858 · **Autoportrait** 1830 · Huile sur toile · 118 x 90 cm · Don général de Beylié, 1901

Ary Scheffer s'est représenté vêtu d'un ample vêtement d'intérieur rouge, le col blanc de sa chemise détachant le visage qu'isole toute la composition. Une palette, un châssis, un porte-crayon dans la main désignent son activité. Vu de face, le visage, au regard presque interrogatif derrière les lunettes fines, posé droit sur le spectateur et à l'expression intense et grave, fait de ce tableau le portrait emblématique de l'artiste romantique. La facture est nourrie, rapide pour les rouges, plus soigneuse pour le visage. Elle montre une sûreté de métier qui, jointe à la pénétration du portrait, explique le succès de cet artiste.

Dans cette scène tirée du poème «Roland furieux» de l'Arioste, le poète italien de la Renaissance qui a inspiré Ingres également, Delacroix a représenté Roger délivrant Angélique enchaînée à un rocher battu par les flots et menacée par un dragon. Le traitement énergique de la couche picturale est caractéristique de ce peintre qui fut le chef de file du romantisme: épaisse, elle garde imprimées les traces de la brosse maniée énergiquement, comme si l'artiste voulait exprimer l'aspect inquiétant du site autant par le choix des couleurs que par la facture elle-même. Les formes sont ainsi davantage modelées en couleur que dessinées.

Dans ce tableau peint vers 1855, les accords de vert parfois mêlé de bleu céruléen et de rouge sont caractéristiques de la palette de Delacroix. Le style de l'artiste est bien représenté d'autre part par l'étude de draperie dessinée.

Eugène Delacroix Saint-Maurice, 1798 - Paris, 1863 · **Roger délivrant Angélique** 1855-1858 · Huile sur toile · 46 x 55 cm · Acquis en 1858

La composition de Chassériau, caractéristique — avec celles bien connues de Delacroix — du goût pour les sujets exotiques qui se manifeste dans l'art romantique, est à mettre en rapport avec le séjour de l'artiste en Algérie en 1846. Chassériau s'attache à dépeindre une scène quotidienne, telle qu'il avait pu en observer lors de son voyage. Crainte, inquiétude et mélancolie se lisent sur les visages des différents personnages. L'atmosphère étrange qui semble émaner de leur rapprochement dans cette composition resserrée est sous-tendue par un pinceau énergique, qui traduit les silhouettes dans une harmonie composée de couleurs chaudes.

Théodore Chassériau Sainte-Barbe-de-Samana, Saint-Domingue, 1819 – Paris, 1856 · **Intérieur juif à Constantine** 1851 · Huile sur bois · 28 x 23 cm · Dépôt du musée du Louvre, 1937

Eugène Delacroix Saint-Maurice, 1798 – Paris, 1863 · **Étude de draperie** Fusain et craie blanche sur papier beige · 56,7 x 41,8 cm · Provenance inconnue

François-Édouard **Picot** Paris, 1786 - 1868 · **Épisode de la peste à Florence** 1839 · Huile sur toile · 235 x 180 cm · Envoi de l'État, 1840

Picot a représenté un sujet
pathétique: une petite fille vient
de mourir dans un palais,
victime d'une épidémie de peste.
Le cadavre est étendu à même le
sol, une croix posée sur la
poitrine. Une vieille femme est
en prière devant l'autel familial.
La mère invoque le ciel et le
supplie d'épargner son dernier
enfant, qu'elle serre contre elle.
Dans une facture précise et
enlevée, Picot joue d'un coloris
clair et brillant, mais le
sentiment est ici tout
romantique. Le cadavre de la
fillette placé au premier plan, le
jeu du clair-obscur avec la
triple source d'éclairage (lumière
vive au premier plan, lumière
artificielle au second, échappée
lumineuse dans le fond), les
différents signes distinctifs de la
religion catholique (rameau pour
la bénédiction sur le devant,
missel et chapelet, etc.), le décor
italianisant avec la coiffure
typique de la vieille femme
appartiennent au goût
romantique.

Pradier fit de la beauté
féminine son thème de
prédilection: Phryné était une
courtisane grecque jugée pour
son impiété par l'aréopage; elle
fut acquittée après que son
défenseur eut dévoilé sa beauté.
De l'épisode antique évoqué très
librement, Pradier ne retient que
l'idée de la grâce intériorisée. Il
présente la figure seule,
omettant le personnage du
défenseur. La position des bras,
l'inclinaison de la tête, le
hanchement, la présence de la
draperie, qui conduisent la
lumière ou l'ombre sur les
formes, la montrent plus
méditative et retenue qu'offerte
et insolente. Ebauchée en vingt-
six heures, cette œuvre à la
présence silencieuse fut saluée
par Baudelaire pour
sa délicatesse.

James Pradier, Jean-Jacques Pradier, dit, Genève, Suisse, 1790 - Bougival, 1852 · **Phryné** 1845 · Marbre de Paros, traces de polychromie et d'or · 183 x 40 x 47 cm · Legs Jules Monnet-Daiguenoire, 1903

L'un des principaux peintres du genre troubadour, apprécié de Napoléon, de Joséphine, de Louis-Philippe et de la duchesse de Berry, Laurent a été marqué par le néoclassicisme, comme par la peinture hollandaise de Gérard Dou et de Franz Mieris: dans «Gutenberg inventant l'imprimerie», la facture minutieuse, l'harmonie raffinée des couleurs, le traitement de la lumière venant latéralement de la fenêtre, la beauté des détails mettent en valeur le sujet et la silhouette de l'inventeur de la presse à imprimer en 1434. Un camaïeu de bruns et de beiges compose le reste de l'atelier que l'artiste décrit comme celui d'un cabinet d'alchimiste.

Jean-Antoine Laurent Baccarat, 1763 · Épinal, 1832 · Gutenberg inventant l'imprimerie 1831 · Huile sur toile · 98 x 79 cm · Acquis en 1992

Frédéric-Auguste Bartholdi Colmar, 1834 - Paris, 1904 · **Champollion** 1867 · Plâtre · 200 x 70 x 70 cm · Don Mme Bartholdi, 1904

Le voyage qu'il effectua en Egypte et sur les bords de l'océan Indien en 1856 désignait tout naturellement Bartholdi pour la réalisation d'une sculpture en hommage à Jean-François Champollion, qui avait été professeur d'histoire à Grenoble. En 1904, la veuve de Bartholdi offrit à la ville le plâtre original qui avait servi de modèle à la sculpture en marbre du Collège de France. Sa présentation à l'Exposition universelle de 1867 avait fait l'objet d'une description enthousiaste: «Il est impossible de rendre avec une vérité plus saisissante la méditation profonde du savant, arrêté devant le mystère vainement interrogé avant lui, et que son génie va dévoiler. Le regard attaché sur cette tête de Sphinx [...] Champollion suit en lui-même l'éveil d'une pensée [...] et son pied posé sur ce témoin muet du passé, dont il a juré de faire parler le silence, est déjà le signe du triomphe.» Cette œuvre, magnifiquement restaurée, est l'une des pièces majeures du fonds de sculptures du musée. Elle témoigne du renouvellement de la statuaire auquel l'auteur de «La Liberté éclairant le monde» de New York et du «Lion» de Belfort est parvenu, par son sens du monumental et sa capacité à élever une effigie à la hauteur du symbole.

Laurent Guétal Vienne, 1841 · Grenoble, 1892 · **Le Lac de l'Eychauda** 1886 · Huile sur toile · 182 x 262 cm · Acquis en 1886

L'abbé Laurent Guétal est, avec Jean Achard, le principal peintre de paysages dauphinois de la seconde moitié du XIXᵉ siècle. La composition de cette œuvre est étagée en bandes horizontales à partir d'un premier plan montrant des roches éclatées, puis le lac, les montagnes qui le limitent derrière lesquelles se cache le soleil, enfin la chaîne de l'Oisans dans le lointain.

Celles-ci se reflètent sur la surface métallisée de l'eau refermant ce vaste panorama en lui-même. Le site paraît d'autant plus âpre et grandiose que nulle présence humaine ne l'a marqué. La palette, où dominent les gris colorés, est rendue veloutée par la matité de la couche picturale. L'étude de la lumière, chaude au premier et à l'arrière-plan, a permis d'unifier la composition. La majesté de cette œuvre permet de rapprocher l'art de Guétal de celui des paysagistes américains, tel Frederick Edwin Church, qui ont su unir sens du détail et monumentalité.

Jean Achard Voreppe, 1807 - Grenoble, 1884 · La Tour sans venin vers 1843 · Huile sur toile · 33 x 50 cm · Legs Louis Guignonnet, 1899

Jean Achard est le fondateur de l'école dauphinoise de peinture et a participé au développement de l'école du paysage moderne avec Théodore Rousseau et Charles-François Daubigny. Il voyagea beaucoup, mais s'attacha surtout à peindre sa région pour trouver une manière influencée par les maîtres flamands. Cette vue de la campagne proche de Grenoble se distingue par une composition très calme aux plans étagés, où le motif de la montagne et des roches est rendu familier par l'unification de l'effet momentané de la lumière du soleil couchant.

Très caractéristique du talent de coloriste de Regnault autant que des compositions désordonnées qui lui ont toujours été reprochées, cette nature morte a été peinte en 1867. La technique est spectaculaire, la matière picturale utilisée sans retenue et sans se plier au dessin.
Le coloris, quoique encore influencé par Delacroix, tend vers l'hégémonie des couleurs chaudes. Le sujet est traité de façon inédite, le caractère de Regnault transparaissant dans la pléthore d'éléments morbides qui sont représentés: le gibier mort est associé à des peaux de bêtes déjà traitées, et l'impression de malaise est renforcée par la présence de symboles de la violence humaine, armure, épée et poignard.
Ce tableau relève plus de l'accumulation expressionniste que du récit cohérent. A la violence sous-jacente correspond une technique appropriée, variant selon les éléments de la composition.

Gustave Doré Strasbourg, 1832 - Paris, 1883 · **Lac en Écosse après l'orage** 1875-1878 · Huile sur toile · 90 x 130 cm · Don Docteur Fuzier, 1880

Gustave Doré est surtout connu pour son œuvre d'illustrateur. Il voulait cependant surtout être un peintre et s'est consacré à la représentation de scènes bibliques et de paysages. En 1873, il fit un premier séjour en Écosse, à la suite duquel il peignit ce paysage, qui est le plus romantique qu'il ait composé. La lumière étrange, les jeux de brumes et de nuages dans lesquels se perdent les sommets des montagnes, la touche en forme de gouttelettes, la palette aux couleurs de terre et aux tons acides transforment un site observé en un monde imaginaire. Une force tellurique semble habiter ce paysage «à effet», tout entier recréé dans une vision fantastique.

Fantin-Latour est le plus célèbre des peintres originaires de Grenoble. Ce portrait est bien représentatif de son style dépouillé. Le modèle était la fille du peintre Léon Riesener, ami de Fantin-Latour et cousin d'Eugène Delacroix. La sobriété de la pose, la simplification de la silhouette qui se détache sur un fond neutre, le clair-obscur qui modèle les formes et met en valeur le visage, la gamme colorée réduite à une harmonie de gris, le hiératisme du modèle emplissent la composition de silence et de poésie.

Henri Fantin-Latour Grenoble, 1836 - Buré, 1904 · **Portrait de Louise Riesener** 1886 · Huile sur toile · 100 x 80 cm · Legs Mme Escholier, 1969

Henri **Fantin-Latour** Grenoble, 1836 - Buré, 1904 · **Nature morte dite de fiançailles**, 1869 · Huile sur toile · 32 x 29 cm · Legs Mme Fantin-Latour, 1921

Fantin-Latour a été également un maître du dessin. Parmi les 150 feuilles qui sont conservées au musée, cette étude montre son art du clair-obscur, du modelé et de la composition sur un sujet évoquant le monde de Richard Wagner, dont il a été l'un des premiers admirateurs en France.

Henri **Fantin-Latour** Grenoble, 1836 - Buré, 1904 · **Prélude à Lohengrin** vers 1892 · Crayon lithographique sur calque collé, mis au carreau · 49 x 36 cm · Don Mme Fantin-Latour, 1904

Dans ce tableau de circonstance, Fantin-Latour a accordé à la couleur une attention plus soutenue que dans sa production habituelle.
La composition, d'une simplicité évidente, présente, sur un fond nu divisé en deux plans rapidement brossés d'une teinte neutre, un vase au décor bleuté empli de jonquilles, de jacinthes et de giroflées, entre un compotier de fraises et un verre de vin rouge. Les formes s'étagent en deux alignements obliques, qui animent la composition fortement centrée. Cette œuvre à l'harmonie colorée si éclatante fut offerte par Fantin-Latour à Victoria Dubourg le jour de leurs fiançailles.

Alfred Sisley Paris, 1839 - Moret sur Loing, 1899 · **Vue de Montmartre prise de la cité des Fleurs aux Batignolles** 1869 · Huile sur toile · 70 x 117 cm · Don M. Rousselin, 1901

Cette vue de Montmartre, aujourd'hui le XVIIIe arrondissement de Paris, a été peinte au début de la carrière de Sisley, qui participera aux expositions des impressionnistes à partir de 1874. C'est un vaste panorama caractérisé par un parti de construction étageant des bandes horizontales.

Le chromatisme est limité à une gamme froide: vert au premier plan, gris bleuté aux nuances nombreuses, mêlés de quelques nuances d'ocre au milieu, blancs bleutés pour le ciel. La touche précise, les nuances subtiles de la couleur permettent de définir avec minutie toutes les formes. Sisley reste ici davantage proche de l'école de Barbizon que du style impressionniste.

A Giverny, Monet avait créé, à partir de 1891, un jardin d'eau en laissant l'Epte, le ruisseau traversant sa propriété, s'épandre dans un étang qu'il venait de creuser. La végétation qui se développa sur les berges et sur la surface de l'eau dormante et les effets de la lumière filtrant au travers des feuillages sont devenus le sujet de prédilection de ses tableaux. Celui-ci, peint en touches allongées, enlevées d'une main vive, s'offre comme un papillotement coloré. L'image s'organise à distance et prend son sens dans la liberté du geste de peindre qui brise les masses et les surfaces. Monet fit don de cette œuvre au Musée de Grenoble en 1923, pour «l'encourager dans ses tendances modernes».

Claude Monet Paris, 1840 - Giverny, 1926 · **Un coin de l'étang à Giverny** 1917 · Huile sur toile · 117 x 83 cm · Don de l'artiste, 1923

84 85

Les révolutions artistiques qui se manifestent à la fin du XIXe siècle et jusqu'en 1914 vont permettre la mise en place de l'art du XXe siècle et son développement. Cette période capitale commence notamment avec Gauguin, qui est ici représenté par le magnifique portrait qu'il fit de Madeleine Bernard à Pont-Aven. Le néo-impressionnisme constitue l'un des points forts de la collection du musée avec des œuvres majeures de Signac et de Cross et de beaucoup d'autres artistes de ce mouvement. Les peintres nabis sont représentés par les tableaux de Vallotton et, après qu'ils eurent continué à évoluer, de Vuillard et de Bonnard.

L'un des principaux noyaux du musée est formé par le fauvisme, qui a contribué à fonder son orientation grâce au legs Agutte-Sembat: il est constitué par les œuvres de Matisse, Derain, Marquet, Camoin, Friesz, Van Dongen, qui offrent un ensemble unique dans les musées français. Vient ensuite le cubisme avec des peintures et dessins de Picasso, Braque, Gris, Derain, Chagall, Delaunay, Gleizes et des sculptures rares et précieuses de Laurens. Le futurisme qui constitue l'une des suites logiques et instantanées de cette révolution esthétique figure ici avec un tableau emblématique de Russolo, un personnage en train de marcher et une sculpture de Duchamp-Villon, qui répond à la perfection au programme futuriste.

Paul Gauguin
Félix Vallotton
Édouard Vuillard
Paul Signac
Henri-Edmond Cross
Henri Matisse
André Derain
Othon Friesz
Georges Rouault
Albert Marquet
Kees Van Dongen
Pablo Picasso
André Derain
Juan Gris
Georges Braque
Henri Laurens
Marc Chagall
Robert Delaunay
Luigi Russolo
Filippo Tommaso Marinetti
Raymond Duchamp-Villon
Alberto Magnelli
Albert Gleizes

révolutions

Une limitation volontaire du
format, accordée à l'exclusion
de tout détail superflu, une
composition aux lignes et aux
couleurs réduites au minimum
permettent d'allier délicatesse
et force plastique dans cette
scène intimiste. Vallotton a
gardé de l'art de la gravure, qu'il
a beaucoup pratiqué, le sens de
l'effet qui résulte de l'opposition
très simple du noir et du blanc.
C'est ce même effet qu'il recrée
ici, en opposant le rouge à sa
complémentaire, le noir au blanc,
déclinés dans deux valeurs
proches étendues en aplats.
Cette épure colorée définit un
espace clos formé de trois plans,
dans lesquels se répondent les
lignes horizontales, verticales et
obliques.

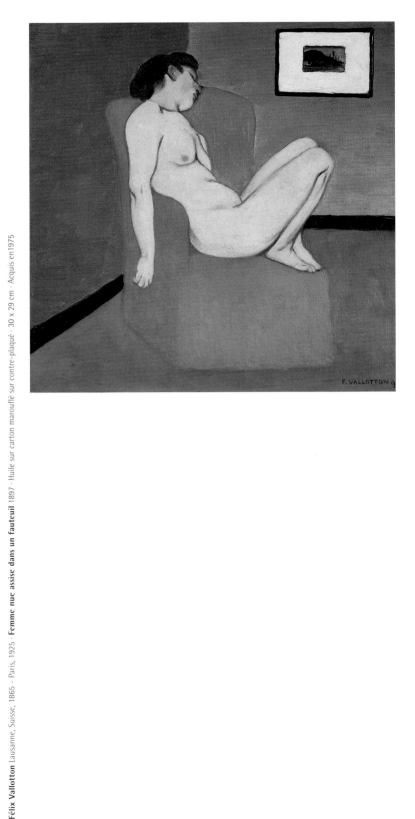

Félix **Vallotton** Lausanne, Suisse, 1865 - Paris, 1925 · **Femme nue assise dans un fauteuil** 1897 · Huile sur carton marouflé sur contre-plaqué · 30 x 29 cm · Acquis en1975

Édouard **Vuillard** Cuiseaux, 1868 · La Baule, 1940 · **Femme au corsage bleu** vers 1914 · Gouache sur papier collé sur carton · 65 x 51 cm · Legs Agutte-Sembat, 1923

Cette gouache, que son rendu ne distingue pas vraiment d'une peinture, a été réalisée après la période nabi de l'artiste: elle n'en conserve pas moins et le sujet et l'atmosphère qui la caractérisaient, tout autant que l'aspect mat. Un personnage féminin est représenté assis sur un canapé dans un coin d'atelier. La composition, fondée sur quelques diagonales, est très simple. L'artiste s'attache davantage au rapport des couleurs, au traitement des surfaces et tout particulièrement à la traduction de la lumière qui va mettre en valeur les formes avec douceur. L'éclat du corsage bleu du modèle provient du contraste avec les couleurs qui l'entourent.

Aucun bruit, aucun mouvement ne viennent troubler le silence habituel des compositions de Vuillard.

Paul Signac Paris, 1863 - 1935 · **Le Sentier de douane** 1905 · Huile sur toile · 72 x 92,5 cm · Legs Agutte-Sembat, 1923

Cette toile représente un site évoqué de nombreuses fois par Signac. Exécutée l'année même de l'avènement du fauvisme, elle marque l'attachement de Signac à la théorie du divisionnisme — aussi appelé pointillisme —, qui s'appuie sur la connaissance des lois optiques étudiées par Chevreul, Blanc et Rood: afin de traduire la lumière et de bien en marquer les contrastes, cette théorie recommande de juxtaposer les couleurs du prisme par touches au lieu de les mélanger sur la palette, de sorte que l'œil en perçoive mieux l'éclat par leurs contrastes simultanés et en opère la synthèse. Les touches petites et régulièrement carrées ou rectangulaires, leur orientation qui épouse les lignes de composition montrent la maîtrise technique de Signac, dont l'influence sera considérable dans toute l'Europe.

Henri-Edmond Cross Douai, 1856 · Le Lavandou, 1910 · **Le Cap Layet** 1904 · Huile sur toile · 89 x 116 cm · Legs Pierre Collart, 1995

Avec Georges Seurat et Paul Signac, Henri-Edmond Cross est l'un des trois représentants du néo-impressionnisme. Il est l'un des plus brillants coloristes de la fin du siècle et exerça, comme Signac, une influence déterminante sur la naissance du fauvisme. Les petits points régulièrement posés sur la toile ont été transformés en touches séparées, plus larges et plus libres. «Le Cap Layet» constitue un des nombreux sites de la côte provençale peints par Henri-Edmond Cross. Traités dans des valeurs foncées et des couleurs froides, les arbres dessinent des arabesques purement décoratives. Déformés, simplifiés, les branches et les troncs sont prétexte à des lignes dont le dessin s'affirme en toute autonomie.

A l'arrière-plan, les motifs du paysage ensoleillé sont peints dans des couleurs lumineuses et transparentes. Cross voulait faire de son art «la glorification de la Nature [et la] glorification même d'une vision intérieure».

Dans le portrait de sa fille, Matisse ne donne pas plus d'importance au modèle qu'au fond. Il construit sa toile à partir du contraste de deux teintes: le rouge et le vert, et couvre la surface en les opposant et en les dégradant, puis en introduisant un autre contraste. Les teintes de départ sont très fortes et appliquées de manière identique. Les dégradés clairs sont posés en touches étagées pour la collerette et en taches nuageuses pour les fonds: ils manifestent un plaisir de peindre par l'élégance de la touche et la subtilité des tons. L'éclat de ces couleurs et l'équilibre de la composition, calme parce que peu divisée et dans un format rectangulaire horizontal, donnent une présence rayonnante à ce chef-d'œuvre de sa période fauve.

Henri Matisse Le Cateau-Cambrésis, 1869 - Nice, 1954 · **Nu rose** 1909 · Huile sur toile · 33,4 x 40,9 cm · Legs Agutte-Sembat, 1923

L'image frappe par sa simplicité. Peu de couleurs: le rose du corps, trois bleus: l'azur du ciel, le bleu profond des ombres au sol et le bleu clair de l'ombre du corps, le vert des herbes. Peu de moyens, des aplats et quelques touches en tirets brossées obliquement; une anatomie sommaire et un visage sans expression. Pas de profondeur. Tous ces refus sont la conquête d'une sorte de littéralité de l'image qui conduit, par son évidence et sa grâce, à la sérénité.

Henri Matisse Le Cateau-Cambrésis, 1869 - Nice, 1954 · **Marguerite lisant** 1906 · Huile sur toile · 64,5 x 80,3 cm · Legs Agutte-Sembat, 1923

Cette peinture, qui était dès 1911
dans la collection de Michael
et Sarah Stein, est l'œuvre
emblématique de la collection du
musée, où elle est entrée grâce
à la générosité de la famille
du peintre. Elle est le seul des
quatre grands «intérieurs» peints
dans l'année 1911 qui soit resté
en France. Ce «travail décoratif»,
comme le désignait Matisse,
offre en une perception globale
une surface luxuriante, où des
motifs de couleur bleue sont
semés sur un fond brun. De ce
désordre se dégage peu à peu un
ordre créé par la juxtaposition
de plans (le paravent, la table,
les miroirs, la porte ouverte, la
fenêtre, la cheminée), qui sont
autant de tableaux dans le
tableau, répartis selon une
diagonale. La vibration colorée
du tapis floral et sa planéité
combattent l'impression de
profondeur que crée cette
diagonale qui entraîne le regard
au-delà des tableaux «inscrits».
Les couleurs sont posées en
aplats, mais avec des
transparences et des réserves, qui
accroissent leur vibration.

Henri Matisse Le Cateau-Cambrésis, 1869 - Nice, 1954 · **Intérieur aux aubergines** 1911 · Détrempe à la colle sur toile · 212 x 246 cm · Don Mme Matisse et Mlle Marguerite Matisse, 1922

Henri Matisse Le Cateau-Cambrésis, 1869 - Nice, 1954 · **La Petite Mulâtresse** dite aussi **La Marocaine** 1912 · Huile sur toile · 35,5 x 27,5 cm · Legs Agutte-Sembat, 1923

Cette feuille est une des esquisses les plus abouties de Matisse pour «La Danse» du collectionneur russe Serguei Chtoukine. Dans cette étude, avec ses premiers jets, ses effacements, ses repentirs, ses traits surajoutés qui expriment parfaitement la courbe des corps en mouvement, les danseuses, dessinées au moyen d'une guirlande de souples arabesques, figurent le rythme et la ronde de la danse.

Henri **Matisse** Le Cateau-Cambrésis, 1869 · Nice, 1954 · **La Danse** 1909-1910 · Fusain sur papier · 48 x 65 cm · Legs Agutte-Sembat, 1923

Matisse a été, avec Picasso, l'un
des plus importants sculpteurs
de son époque. Cette tête, qui
appartient à la série des
«Jeannette», montre le travail
de l'artiste sur les volumes.

Henri Matisse Le Cateau-Cambrésis, 1869 - Nice, 1954 · **Tête de Jeannette** vers 1910-1911 · Bronze, épreuve du troisième état · 61 x 20 cm · Acquis en 1954

Othon Friesz, l'un des grands acteurs du fauvisme, déclare avoir voulu «donner l'équivalent de la lumière solaire par une technique faite d'orchestrations colorées – transpositions passionnelles – ayant pour point de départ l'émotion sur nature». Cette émotion préside ici à la traduction de l'espace par la scansion des horizontales, dans une gamme colorée où dominent les couleurs secondaires rendues plus vibrantes par les intervalles blancs.

Othon Friesz Le Havre, 1879 - Paris, 1949 · **Le Port d'Anvers** 1905 · Huile sur toile · 30 x 45 cm · Legs Agutte-Sembat, 1923

Toujours soucieux d'exprimer la forme dans sa totalité, Derain, qui participa dès la première heure à l'élaboration du fauvisme, évolue en 1907 vers une stylisation dont témoigne bien ce tableau. Dans un espace presque sans profondeur, il étage des surfaces rendues autonomes par le cloisonnement de la ligne qui les cerne et solidaires par la distribution de la couleur en nappes. L'éclat de la couleur des premières œuvres fauves s'estompe ici dans une gamme plus restreinte qui, travaillée rudement, donne une tension dramatique puissante à ce paysage méditerranéen.

«La Saltimbanque» illustre la vision d'une humanité misérable et déchue que Rouault a traduite dans ses œuvres exécutées entre 1903 et 1906. La couleur sombre des chairs, la lumière contrastée, le caractère outré de la pose, l'ampleur de la touche confèrent à cette aquarelle son atmosphère violente et expriment l'intensité tragique du modèle. A cette époque, les œuvres de Rouault sont peuplées de figures qui témoignent de son approche désespérée de la réalité humaine, à l'opposé de la vision hédoniste et colorée des peintres fauves.

André Derain Chatou, 1880 - Garches, 1954 · **Cyprès à Cassis** 1907 · Huile sur toile · 46 x 38 cm · Legs Agutte-Sembat, 1923

Georges Rouault Paris, 1871 - 1958 · **La Saltimbanque** 1906 · Aquarelle gouachée sur papier collé sur carton · 41 x 23 cm · Legs Agutte-Sembat, 1923

Marquet a peint à de
nombreuses reprises le site
célèbre du pont Saint-Michel vu
depuis la fenêtre de l'atelier que
Matisse venait de lui céder: il
s'agit de l'une des plus belles
versions. La composition
s'organise à partir des quatre
horizontales de la barre de l'eau,
du tablier du pont et de la ligne
d'horizon qui renforcent le parti
présenté par le format. Deux
courbes longues les traversent.
Il en résulte l'impression d'un
paysage calme et harmonieux,
rendu immuable par la couleur
— un camaïeu de gris et des
jaunes mêlés de vert —, tandis
que le pittoresque des piétons,
des calèches et des omnibus
s'inscrit dans son ordonnance.

Albert Marquet Bordeaux, 1875 - Paris, 1947 · **Le Pont Saint-Michel** 1910-1911 · Huile sur toile · 65 x 81,2 cm · Legs Agutte-Sembat, 1923

De la hardiesse de son époque fauve, ce tableau semble avoir retenu essentiellement le dessin épuré jusqu'à n'être plus qu'un jeu de lignes formant un signe. Pourtant, il faut bien voir que l'espace construit par l'imbrication de quelques plans, la dominante rouge qui rappelle les céramiques grecques, le sujet enfin de la femme élégante et moderne annoncent les recherches décoratives des années 20.

Kees Van Dongen Delfshaven, Pays-Bas, 1877 - Monte-Carlo, Monaco, 1968 · **Amusement** 1914 · Huile sur toile · 100,3 x 81,2 cm · Legs Agutte-Sembat, 1923

Ce dessin s'inscrit dans la période appelée cubisme cézannien, située entre 1907 et 1909. Il appartient à une importante série de natures mortes réalisées par Picasso entre l'été 1908 et l'hiver 1909. Dans «Le Compotier», les volumes des objets — le compotier et les fruits qu'il contient — posés sur une table, sont décomposés en plans et réduits à des facettes, qui annulent tout effet de perspective. Le modelé des objets est en quelque sorte éclaté pour offrir au spectateur la vision de toutes les faces de la nature morte étudiée de points de vue différents et tendant à se confondre avec le plan du dessin. Les couleurs sourdes, essentiellement réduites au vert et au brun foncé, empruntées à Cézanne, sont caractéristiques de cette première époque cubiste.

98 99

Pablo Picasso Málaga, Espagne, 1881 - Mougins, 1973 · **Le Compotier** 1909 · Crayon et aquarelle sur papier · 27 x 23 cm · Acquis en 1934

André Derain Chatou, 1880 - Garches, 1954 · **Carrières à Saint-Denis** 1909 · Huile sur toile · 46 x 55 cm · Legs Agutte-Sembat, 1923

Ce dessin représentant une nature morte, daté de 1917, annonce la période synthétique de Juan Gris, au cours de laquelle l'artiste a produit quelques-uns de ses plus beaux tableaux, caractérisés par le dépouillement du langage cubiste. La composition est fondée sur l'agencement sophistiqué de formes dans un espace frontal: le verre, la bouteille, la pipe, le journal, le cadre sont posés sur une table dont les veines du bois suggérées rappellent le procédé du collage. Fidèle aux recherches cubistes sur la dislocation et la fragmentation des objets, Juan Gris, par l'utilisation de la vue plongeante, le renversement des plans, les angles de vue diffé-rents, dégage les caractéristiques structurelles de l'objet. Un cylindre devient une bouteille ou un verre, un rectangle blanc un journal, un angle droit un cadre, que les contrastes de clair-obscur mettent en valeur.

Ce tableau fait partie de la période cubiste de Derain, qui s'étend de 1909 à 1919 et au cours de laquelle il a privilégié la construction de la forme aux dépens de l'éclat qu'il accordait auparavant à la couleur. Dans cette composition, Derain a mis l'accent sur la construction, la simplification des formes et les couleurs sourdes pour s'inspirer à son tour de la leçon de Cézanne.

Juan Gris Madrid, Espagne, 1887 - Boulogne-sur-Seine, 1927 · **Bouteille, verre et pipe** 1917 · Mine de plomb sur papier · 36,5 x 27,8 cm · Acquis en 1971

Cette nature morte traitée en grisaille se présente comme une architecture puissante de plans déterminant, par leur superposition, des lignes tendues dans deux directions principales. La grille obtenue s'équilibre dans la dissymétrie. Le nœud où se croisent les verticales et les horizontales, situé à gauche de la composition, donne son assise à la nature morte et aux jeux de lignes libres qui la composent: guitare réduite aux courbes de l'ouïe et aux arêtes de la caisse; partition où courent les parallèles serrées d'une portée ou les cordes de l'instrument; obliques du journal. La représentation est ainsi réduite volontairement à son ossature. La même économie de moyens a présidé au choix du camaïeu de gris-bruns austère et délibérément pauvre. Le jeu rapide de la brosse, le modelé par petites touches, le gravé de la pointe du manche, l'opacité ou la transparence des jus composent un véritable énoncé de l'art de peindre.

Cette construction rare, puisque Henri Laurens n'en a réalisé que vingt-cinq et que trois d'entre elles seulement se trouvent dans des musées français, témoigne du renouvellement que le cubisme a apporté à l'art de la sculpture, en particulier grâce à Laurens. Elle assemble, comme dans les papiers collés de Picasso et de Braque, des éléments divers — volumes en bois, feuilles planes en métal — peints ou laissés bruts. La composition ne laisse pas apparaître le processus de fabrication. Les formes extérieures comptent autant que les volumes intérieurs. Etagée dans un mouvement tournant autour d'un axe, «Bouteille de rhum» offre, en quelque point de vue que l'on se situe, une harmonie très subtile de formes, de couleurs et de texture.

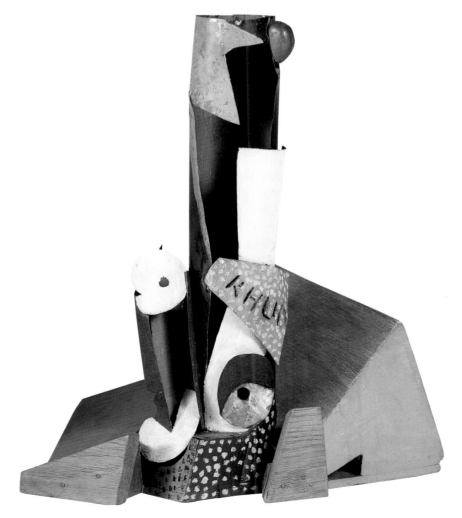

Henri Laurens Paris, 1885 - 1954 · **Bouteille de rhum** 1916-1917 · Bois et tôle polychromés · 28,5 x 25,5 x 19 cm · Acquis en 1954

Marc Chagall Vitebsk, Biélorussie, 1887 - Saint-Paul-de-Vence, 1985 · **Le Marchand de bestiaux** 1922-1923 · Huile sur toile · 99,5 x 180 cm · Dépôt du musée national d'Art moderne, 1990 (dation Chagall)

Ce tableau est la deuxième version d'une composition peinte par Chagall en 1912 et qui se trouve au Kunstmuseum de Bâle. Le format en frise, qui donne de la grandeur à cette scène populaire, est accentué par le jeu des regards et des attitudes: le mouvement contraire de la femme qui porte le veau sur ses épaules, de la vache et du charretier d'une part, de la jument pleine d'autre part, crée une tension qui prolonge la scène au-delà de ses limites. Les couleurs éclatantes sont irréalistes: elles se nuancent dans des découpes qui montrent l'influence du cubisme. Aucune échelle de grandeur n'est respectée. Un couple, dont on ne voit que le haut du corps au premier plan, annule tout effet de perspective. Cette naïveté dans la représentation de l'espace, qui rappelle celle des œuvres médiévales, ajoute à la poésie de cette composition.

Cette composition, dédiée au célèbre critique d'art allemand Carl Einstein, appartient en plein à la période du cubisme synthétique de Juan Gris, comme le montrent bien les formes simples et les couleurs en aplat utilisées pour représenter le motif.

Juan Gris Madrid, Espagne, 1887 · Boulogne-sur-Seine, 1927 · **Nature morte à la bouteille** 1922 · Gouache sur papier · 21,1 x 26,6 cm · Acquis en 1935

«Vers 1912-1913, j'eus l'idée d'une peinture qui ne tiendrait techniquement que de la couleur, des contrastes de couleurs, mais se développant dans le temps et se percevant simultanément, d'un seul coup. J'employais le mot scientifique de Chevreul: les contrastes simultanés.» Cette déclaration de Robert Delaunay montre comment «La Fenêtre», toute de sensibilité poétique et visuelle, est le résultat d'une approche savante. Delaunay construit son tableau sans recourir au modelé ni au dessin linéaire. Le jeu des facettes colorées les a remplacés, comme il a remplacé la profondeur et la description des formes. La vue par la fenêtre sur la tour Eiffel reste plus qu'un prétexte: sa silhouette simple et géométrique est le symbole du monde moderne.

Robert Delaunay Paris, 1885 · Montpellier, 1941 · **La Fenêtre** 1912 · Huile sur toile marouflée sur carton · 45,8 x 37,5 cm · Acquis en 1948

Le cubisme de Robert Delaunay manifeste, dans cette aquarelle de 1909, toute son originalité. L'artiste y procède à une décomposition de la forme par la lumière, qui transforme le sujet représenté en un ensemble de facettes colorées. L'image, ici le clocher, la nef centrale et les bas-côtés de Notre-Dame, n'obéit plus aux lois de la perspective, mais éclate en fragments distincts et juxtaposés qui donnent une certaine indépendance et une mobilité aux différentes parties de la composition et au sujet.

En 1913-1914, Delaunay réalise plusieurs esquisses dont celle-ci pour le grand tableau du Kunstmuseum de Bâle «Hommage à Blériot» (1914), d'un format carré et à la dimension monumentale inhabituelle. Delaunay agence les formes et les couleurs de son tableau en un jeu harmonieux de cercles tournoyants autour d'un point central. Il associe ces formes circulaires à des éléments figuratifs, fragments d'objets plus précis: silhouettes humaines, Tour Eiffel, avions, hélices, roues. Les mouvements suggérés par les hélices qui tournent, par les cocardes des avions et par les auréoles qui entourent le biplan et la Tour Eiffel, créent une animation sur toute la surface de la toile et restituent le dynamisme de la scène.

Robert Delaunay · La Flèche de Notre-Dame 1909 · Aquarelle sur papier marouflé sur toile · 65 x 46,4 cm · Acquis en 1947

Robert Delaunay · Hommage à Blériot 1914 · Huile sur toile · 46,7 x 46,5 cm · Acquis en 1946

Russolo appartient au groupe des artistes futuristes italiens animé par le fondateur du mouvement, le poète Marinetti, auteur du chef-d'œuvre de typographie «Les Mots en liberté futuristes». Préoccupé par la traduction plastique du mouvement et de la vitesse, Russolo se réfère aux chronophotographies d'Etienne-Jules Marey, comme Duchamp le fit pour «Nu descendant un escalier» (1911). Le personnage féminin placé au centre de la composition n'est qu'un prétexte pour montrer la sensation dynamique.

La silhouette, vue dans une sorte de démultiplication rythmique, est composée dans un mouvement spiralé qui dissout les formes. Ce passage à l'abstraction permet de mieux signifier la vitesse qui, selon les futuristes, nie la réalité.

Luigi Russolo Portogruaro, Italie, 1885 - Cerro di Laveno, Italie, 1947 · **Synthèse plastique des mouvements d'une femme** 1912 · Huile sur toile · 85,5 x 65 cm · Don de l'artiste, 1947

Duchamp-Villon entreprit la sculpture «Le Cheval», à partir de laquelle ont été réalisés après la mort de l'artiste trois tirages de grande échelle. Partageant l'intérêt des futuristes italiens pour la représentation du mouvement comme symbole de la vie moderne, Duchamp-Villon avait étudié les œuvres chrono-photographiques du savant Etienne-Jules Marey et tenté une synthèse plastique du mouvement. Le cheval qui se cabre symbolise la puissance de l'animal, ici assimilée à un moteur. Par la simplification des formes analogues à des éléments mécaniques stylisés (essieux, rouages), par le contraste des ombres et des lumières et la recherche des lignes de force, «Le Cheval» est bien le monument élevé à la puissance et à la vitesse, qui furent les mythes majeurs du premier quart de ce siècle.

Filippo Tommaso Marinetti Alexandrie, Égypte, 1876 - Bellagio, Italie, 1944 · **Les Mots en liberté futuristes** Edizioni Futuriste di «Poesia», Milan, 1919 · Don de la Société des amis du Musée de Grenoble, 1990

F.T. MARINETTI

Les mots
en liberté
futuristes

EDIZIONI FUTURISTE
. DI " POESIA "
Corso Venezia, 61 - MILANO
1919

Raymond Duchamp-Villon Damville, 1876 - Cannes, 1918 · **Le Cheval** 1914 · Plâtre original · 45 x 40 x 24 cm · Don Jacques Villon et Marcel Duchamp, 1930

Alberto Magnelli Florence, Italie, 1888 - Meudon, 1971 · Le Café 1914 · Huile sur toile · 166,7 x 200 cm · Don Susi Magnelli, 1974

«Le Café» est l'une des plus grandes compositions d'une période très féconde de l'œuvre de Magnelli, qui a, en 1914, créé une peinture très singulière, à mi-chemin entre abstraction et figuration. Les éléments représentés sont issus de la réalité: personnages, chaise, table, parasol, etc., et réduits à des plans exclusivement peints en surface, sans nuances, avec des couleurs variées et éclatantes. Le cerne fin de ces plans crée un réseau graphique qui donne son unité à la toile. La juxtaposition des plages colorées, aux contours découpés avec une prédominance d'angles aigus et de courbes, produit un rythme syncopé, qui exprime d'autant mieux le dynamisme de la scène que la gamme colorée est très étendue et que les couleurs, pures et éclatantes, sont posées avec un soin rigoureux.

Au début des années 20, Gleizes a opté pour une peinture où dominent l'aplat et la figure géométrique. Hormis les quatre silhouettes humaines et les deux motifs à carreaux qui rappellent les immeubles new-yorkais, le sujet de ce tableau n'est plus inspiré par la réalité: il est issu de la construction même du tableau. Des figures découpées, aux arêtes vives, faisant contraster angles et arcs de cercle, se juxtaposent les unes aux autres autour d'un axe de symétrie dominant. Chaque couleur, chaque plan trouve son correspondant au sein de la composition. Les couleurs posées en aplat coïncident exactement avec les formes et sont d'une grande intensité chromatique.

Albert Gleizes Paris, 1881 – Avignon, 1953 · **Espace rythmé selon le plan** 1920 · Peinture à la colle sur toile · 355,5 x 274,5 cm · Don de l'artiste, 1927

Julio González Barcelone, Espagne, 1876 - Arcueil, 1942 · **La Grande Faucille** vers 1937 · Bronze forgé · 46 x 23 x 10 cm · Acquis en 1985

développements et retours

La période qui commence pendant la première guerre mondiale et qui s'achève vers 1939, après avoir connu de nombreux soubresauts, est particulièrement riche de nouveautés — en témoigne cette sculpture de González à la silhouette découpée — et d'élans contradictoires: l'abstraction y côtoie la figuration la plus classique comme la plus exacerbée, celle de Picasso et celle de Soutine. L'art, qui n'est plus l'apanage d'aucun pays, est plus que jamais international. Toute l'Europe participe à ses différents courants, le français Léger et l'allemand Baumeister, la peinture métaphysique avec De Chirico, le purisme avec Ozenfant, le constructivisme avec Servranckx et Gabo, l'abstraction géométrique avec Herbin et l'abstraction organique avec Arp, le mouvement De Stijl avec ses filiations, illustré par Van Doesburg, Vantongerloo, Van der Leck, Domela, Hélion et Gorin, dont les reliefs et les constructions continuent la pensée de Mondrian.
Ce mouvement vient équilibrer l'importance de la représentation surréaliste, qui s'affiche avec Magritte, Ernst, Miró, Masson, Tanguy et celle des tendances expressionnistes, qui se manifestent avec Fautrier, Pascin, La Patellière, Permeke et Grosz.

Julio González
André Derain
Giorgio De Chirico
Pablo Picasso
Fernand Léger
Amédée Ozenfant
Marcelle Cahn
Vicente Do Rego Monteiro
Victor Servranckx
Willi Baumeister
Pierre Bonnard
Amedeo Modigliani
Paul Tchelitchew
Jules Pascin
Raoul Dufy
Jean Fautrier
Chaïm Soutine
Gustave De Smet
Constant Permeke
Frits Van den Berghe
George Grosz
Amédée de La Patellière
Ossip Zadkine
Marcel Gromaire
Auguste Herbin
Jacques Villon
Théo Van Doesburg
Jean Hélion
Bart Van der Leck
Georges Vantongerloo
Willem van Leusden
Joaquin Torres-Garcia
Henryk Stazewski
Wladyslaw Strzeminski

César Domela
Naum Gabo
Anton Prinner
Marlow Moss
Karel Teige
Vitezslav Nezval
László Moholy-Nagy
Piet Zwart
Friedrich Vordemberge-Gildewart
Kurt Schwitters
Jean Gorin
Burgoyne Diller
Jean Peyrissac
Robert Delaunay
Étienne Béöthy
Jean Arp
Sophie Taeuber-Arp
Joan Miró
André Masson
Paul Klee
Vassily Kandinsky
Max Ernst
René Magritte
Victor Brauner
Yves Tanguy
Joseph Cornell
Francis Picabia
André Bauchant
Camille Bombois
Séraphine de Senlis
René Rimbert

Ce portrait représentant le célèbre couturier Paul Poiret s'impose par son hiératisme et sa retenue. De l'héritage cubiste et de son goût pour Cézanne, Derain a gardé la rigueur et la simplification des formes, ainsi que la réduction de la gamme chromatique à des tonalités claires. Le personnage est représenté de face, selon un axe central, et s'inscrit dans un espace à deux dimensions. Le traitement de ses yeux, sa raideur, le dossier du fauteuil qui évoque un dais renforcent l'abstraction byzantine de la composition. Paul Poiret aimait beaucoup ce portrait qui révélait, disait-il, son caractère despotique et vénitien.

André Derain Chatou, 1880 - Garches, 1954 · **Portrait de Paul Poiret** 1915 · Huile sur toile · 100 x 73 cm · Acquis en 1934

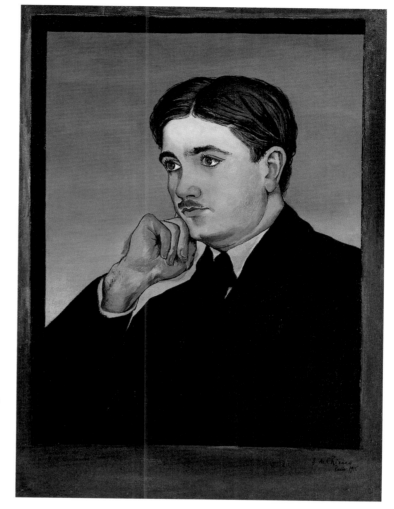

Les portraits sont relativement rares dans l'œuvre de De Chirico, l'un des artistes qui a le plus marqué l'art du XXᵉ siècle par ses compositions jouant sur l'étrangeté de la représentation et qu'il a peintes à partir de 1911-1912, dans la continuité du symbolisme et du peintre suisse Arnold Böcklin. Celui-ci représente le marchand de tableaux et collectionneur Paul Guillaume (1893-1934), qui conseilla notamment le docteur Albert Barnes, le fameux collectionneur américain donateur de cette œuvre au musée. Ce tableau est très caractéristique du style de De Chirico par la révérence qu'il manifeste pour l'art du passé: composition classique du portrait psychologique montrant dans une fenêtre le personnage en buste, de trois quarts; description minutieuse du visage et de la main; style linéaire. La conduite expressive de la lumière, éclaircie au niveau des épaules, vive sur le front, les couleurs plombées, la facture neutre sont de réelles inventions, de même que la présentation hiératique du personnage vu dans une perspective quelque peu faussée.

Giorgio De Chirico Volos, Grèce, 1888 - Rome, Italie, 1978 · **Portrait de Paul Guillaume** 1915 · Huile sur toile · 79 x 57,2 cm · Don Docteur Albert Barnes, 1935

Picasso a réalisé de nombreux portraits de son épouse, Olga Kokhlova, danseuse des Ballets Russes, rencontrée à Rome en 1917. Sur une feuille verticale, le portrait en buste du modèle a été dessiné au pastel d'une manière extrêmement poussée. Il se prolonge par une étude au fusain de la taille et des bras à mi-corps, exécutée sur une feuille séparée de format horizontal. Ces deux éléments ont été collés sur un support plus grand et la figure complétée par quelques traits sommaires. L'aspect saisissant de ce montage provient de la différence de traitement entre la figure, représentée au moyen de la couleur et d'un puissant modelé, et le reste du corps seulement indiqué au trait et souligné de quelques ombres.

Faisant partie de la période appelée «néo-classique» de l'artiste, ce portrait s'impose par ses formes massives et sculpturales inspirées de l'Antiquité. Le visage aux traits simples et réguliers est sur-monté d'une coiffure pesante et enchâssé dans une collerette aux plis lourds. La stylisation des formes, leur caractère anonyme, l'absence d'étude psychologique contribuent à donner à cette figure sa monumentalité.

Pablo Picasso Málaga, Espagne, 1881 - Mougins, 1973 · **Portrait d'Olga** 1921 · Pastel et fusain sur papier marouflé sur toile · 127,5 x 96,8 cm · Dation Jacqueline Picasso, dépôt du musée national d'Art moderne, 1991

Pablo Picasso Málaga, Espagne, 1881 - Mougins, 1973 · **Femme lisant** 1920 · Huile sur toile · 100 x 81,2 cm · Don de l'artiste, 1921

Ce tableau, donné par Picasso au Musée de Grenoble en 1921, a permis d'orienter de façon décisive la physionomie de la collection en faveur de l'art du XXe siècle. Le thème de la femme statue, le contraste du modelé rose du visage et des mains, qui vient du Trecento, avec les larges facettes cubistes réunifiées du drapé, le geste du doigt posé sur la tempe, cité du «Portrait de Madame Moitessier» d'Ingres, lui-même inspiré d'une peinture d'Herculanum, la perfection du dessin et le goût de la déformation, vus chez Ingres encore et chez Puvis de Chavannes, la facture et la couleur fresquée constituent les propriétés mêmes de l'art de Picasso.

«Le Remorqueur» célèbre la beauté de la machine dans la vie quotidienne: Fernand Léger trouve dans le monde industriel un répertoire de formes, des motifs d'inspiration, comme le paysage, la figure l'avaient été auparavant pour les peintres. Ce tableau est composé selon le principe du contraste des formes. Les éléments plastiques de la machine et de son environnement, les carrés qui s'opposent aux cercles, les pleins aux vides, les aplats aux modelés, les couleurs aux non-couleurs sont disposés dans une grille orthogonale. Cette vision éclatée et colorée du monde, réordonné selon des lois plastiques strictes, dépeint l'énergie de la machine et de l'activité humaine dont elle donne une équivalence allègre et optimiste. Les présences humaine, animale et végétale sont elles aussi soumises à un ordre géométrique, ce qui traduit, comme l'exprimaient les peintres du XVIIe siècle, la croyance en une harmonie de l'univers.

«Invention» est une étude très
aboutie du tableau «Dans l'usine
(motif pour le moteur)», daté
de la même année.

Après la première guerre
mondiale, Fernand Léger a été
enthousiasmé par la civilisation
industrielle et le monde
moderne; il a fait leur apologie
et exalté la poésie de la
machine. Les éléments figuratifs
sont ici totalement disloqués, la
vision de l'usine est traduite par
des enchevêtrements de cônes,
de plans, de tubes, de cylindres
et de formes géométriques qui
introduisent des tensions
dynamiques. L'artiste cherche
des équivalents plastiques aux
objets et aux machines et met
en scène le rythme syncopé du
monde moderne. Sa démarche,
qui tend à exprimer la vie et
l'ambiance animée de l'usine,
grâce à la fragmentation et à la
juxtaposition de plans cernés
avec précision, présente de
nombreux rapports avec l'art
abstrait qui se développe à la
même époque en Europe.

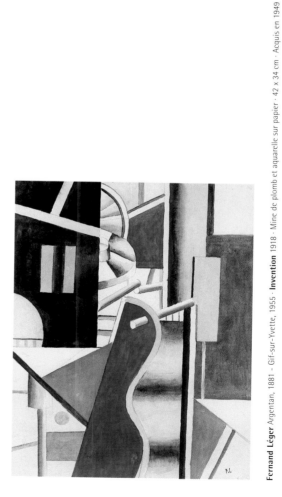

Fernand **Léger** Argentan, 1881 - Gif-sur-Yvette, 1955 · **Invention** 1918 · Mine de plomb et aquarelle sur papier · 42 x 34 cm · Acquis en 1949

Venant après la période des grandes figures «doriques», «La Danse» est l'un des plus beaux exemples de la période des «objets dans l'espace», où Fernand Léger établit des équivalences plastiques entre le sujet et l'objet. Il met en scène dans ce tableau, dont il a fait de magnifiques études, deux figures et une tige de fleurs dans un espace aérien. Les corps aux proportions monumentales sont recomposés sans souci de vraisemblance anatomique dans une torsion autour d'un axe vertical: tête de face, buste en léger trois quarts, hanches de profil, jambes ployées et vues dans un raccourci perspectif. L'espace sans profondeur est semé de quelques masses sombres. Un unique élément végétal établit un lien avec le monde naturel. L'ordonnance de la toile, fondée sur des verticales et des horizontales, immobilise la composition, tandis que les courbes et contre-courbes des corps, la position des membres, la tige élancée qui déploie ses méandres suggèrent l'envol.

La palette est réduite au gris: gris pâle mêlé de jaune ou bleuté pour les corps cernés d'ombre, gris presque argenté pour le fond qui exprime une lumière blanche intense, égale entre toutes les parties, bien que l'ombre qui modèle les corps soit située à gauche.

L'impossibilité pour un peintre de traduire le mouvement — ceux de la danse ont retenu Fernand Léger dans de nombreuses œuvres — se résout ici dans la vision en gros plan de ces corps au mouvement suspendu, qui dansent et qui ne dansent pas,, aériens et lourds, gracieux et hiératiques, dans un espace abstrait irradiant de lumière. L'image ainsi créée, d'une ampleur monumentale et d'une poésie singulière, a la valeur d'une apothéose païenne.

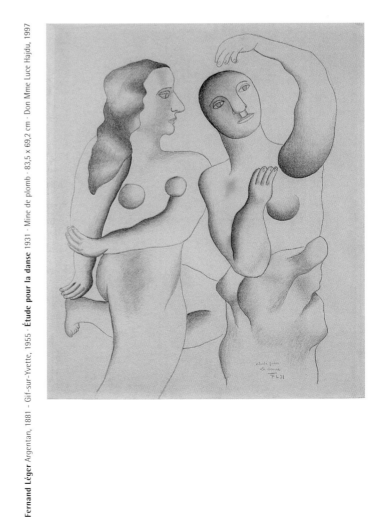

Fernand Léger Argentan, 1881 - Gif-sur-Yvette, 1955 · **Étude pour la danse** 1931 · Mine de plomb · 83,5 x 69,2 cm · Don Mme Luce Hajdu, 1997

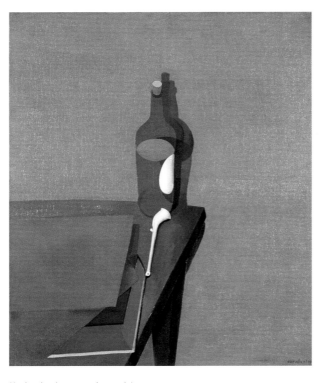

Amédée Ozenfant Saint-Quentin, 1886 - Cannes, 1966 · **Bouteille, pipe et livres** 1918 · Huile sur toile · 73 x 60 cm · Acquis en 1993

Il s'agit du premier tableau puriste peint par Ozenfant. Le purisme a été un mouvement artistique français initié en 1918 par Ozenfant et Charles-Edouard Jeanneret, qui signera plus tard Le Corbusier. Il propose d'être la «grammaire générale de la sensibilité» de l'homme moderne et préconise un système de composition régi par des schémas orthogonaux, des formes disposées dans le plan, le dessin, la couleur et la facture strictement contrôlés faisant du tableau «une machine à émouvoir». Dans cette nature morte, les objets éclairés de deux sources sont réduits, avec leur ombre projetée, à une épure; le choix des couleurs repose sur un camaïeu austère de gris légèrement rehaussé de blanc et de rouge; la technique est exacte et précise; l'aspect synthétique et continu de la composition provient notamment de la vue en plongée. Cette peinture est révélatrice de la volonté d'Ozenfant de trouver un langage universel.

Marcelle Cahn Strasbourg, 1895 - Neuilly, 1981 · **Composition abstraite** dite aussi **Le Lavabo** 1925 · Huile sur toile · 72,4 x 49,7 cm · Acquis en 1987

Marcelle Cahn a été élève de Léger et d'Ozenfant à l'Académie moderne à Paris dès 1920. Elle retient dans ce tableau leurs principes: restituer le monde moderne au moyen de lignes, de formes et de couleurs avec une rigueur constructive qui évoque la civilisation technique et industrielle. Le sujet est prosaïque: un lavabo, avec tous ses éléments, le robinet et l'eau qui coule, la cuvette, la tuyauterie, qui ont été stylisés pour donner des formes géométriques peintes au moyen de couleurs vives, dans une composition fondée sur l'horizontale et la verticale à l'intérieur d'un espace sans profondeur.

Vicente Do Rego Monteiro Recife, Brésil, 1899 - 1970 · **Les Boxeurs** 1927 · Huile sur toile · 130 x 132,5 cm · Acquis en 1928

Par sa stylisation, ce tableau
illustre la recherche d'une
expression monumentale de
l'artiste brésilien Monteiro, qui
n'ignore rien du cubisme qu'il a
connu à Paris avant 1914 et qui
a été marqué par l'art de Piero
della Francesca et celui de
Fernand Léger. L'espace à deux
dimensions suggère cependant
la profondeur grâce au puissant
modelé des formes.
Les arabesques traduisent le
mouvement et la force.
La gamme colorée est restreinte,
constituée de bruns, d'ocres, de
bleus, qui renforcent l'aspect
luministe de la composition.

Victor **Servranckx** Dieghem, Belgique, 1897 - Vilvorde, Belgique, 1965 · **Opus 55 - Règne de l'acier poli** 1923 · Huile sur toile · 85 x 102 cm · Don de l'artiste, 1928

De 1923 à 1926, s'inspirant de l'esthétique de la machine, Servranckx peint des œuvres qui s'apparentent aux «Mauerbilder» de Willi Baumeister, aux compositions puristes d'Ozenfant et de Le Corbusier et à la période machiniste de Fernand Léger. Son tableau «Opus 55» montre une composition utilisant l'horizontale et la verticale, des aplats de couleurs et des contrastes de formes, qui engendrent des rythmes évoquant le monde industriel, ce que confirme le second titre de l'œuvre: «Règne de l'acier poli». Servranckx ne copie pas les formes de la machine, mais, à l'instar de Fernand Léger, il s'en inspire et les transpose, après les avoir observées.

La décomposition des formes en bandes parallèles verticales traduit à la fois le volume et son modelé, tandis que les couleurs froides évoquent l'aspect du métal.

Baumeister a été en Allemagne un pionnier de l'abstraction. Proche de Fernand Léger et de Le Corbusier, il peint notamment des séries sur les thèmes de la machine, du peintre, de l'athlète. Ce tableau de 1932 appartient à la série du peintre, que Baumeister a entreprise dans un style très géométrique, proche de l'abstraction en 1920 et qu'il a achevée en 1933, après avoir évolué vers un art plus organique. La silhouette du peintre est ici figurée par une ligne tantôt noire, tantôt rouge: celle-ci est complétée par des surfaces décomposées et rendues indépendantes, obtenues au moyen de points, de stries parallèles, de quadrilatères de couleur blanche ou grise, qui s'imbriquent de façon complexe les unes avec les autres.

Sur le chevalet figuré par une ligne verticale de couleur ocre, se trouve une toile sur laquelle est représenté un personnage debout, peint dans le même style. Baumeister joue ici sur les contrastes de lignes courbes et de traits droits, de pleins et de déliés, de plans et de pointillés, ainsi que sur la différenciation des surfaces et des textures que lui apporte le mélange du sable et de la peinture à l'huile. Voulant évoquer le monde moderne, Baumeister exécute un dessin représentant un personnage assis au moyen d'une règle, d'un compas et de l'aérographe, comme s'il s'agissait d'un dessin industriel.

Willi Baumeister Stuttgart, Allemagne, 1889 - 1955 · **Le Dessinateur** 1932 · Huile sur toile · 100,2 x 81,2 cm · Don de l'artiste, 1933

Willi Baumeister Stuttgart, Allemagne, 1889 - 1955 · **Deux machinistes** 1927 · Mine de plomb · 38,5 x 29,8 cm · Acquis en 1972

«Intérieur blanc» illustre toutes les innovations de Bonnard concernant aussi bien la mise en page que la structure de l'image, la traduction de l'espace et de la lumière, et la manière de peindre. Le cadrage qui coupe abruptement la table ne montre qu'un angle obtus par l'utilisation d'une vue plongeante, dont les deux obliques guident le regard à l'intérieur du tableau. A l'inverse, la scansion dynamique des verticales et le jeu des plans invitent le regard à traverser l'image de l'intérieur (la salle à manger) vers l'extérieur (le paysage). A ce dynamisme que la composition impose au regard s'ajoute celui du frémissement de la lumière, exprimé par le travail de la couleur et de la peinture.

La couleur dominante, l'orangé, est employée pure sur la chaise et dégradée en de nombreuses nuances; elle joue avec sa complémentaire et ses dégradés. Le blanc règne de façon éclatante, étendu en touches nacrées et irisées par des rosés, des orangés, des bleus violacés. Cette couleur-matière impose sa distance pour permettre de distinguer les formes qui ne dépendent plus de leur contour, mais de leur rayonnement lumineux. Dans «Nature morte jaune et rouge» de 1931 se manifeste aussi cette audace dans la composition et la gamme colorée.

Pierre **Bonnard** Fontenay-aux-Roses, 1867 - Le Cannet, 1947 · **Intérieur blanc** 1932 · Huile sur toile · 109,5 x 155,8 cm · Acquis en 1933

Pierre **Bonnard** Fontenay-aux-Roses, 1867 - Le Cannet, 1947 · **Nature morte jaune et rouge** 1931 · Huile sur toile · 47 x 68 cm · Acquis en 1933

124 **125**

Ce portrait de Paul Dermée, le fondateur de la revue «L'Esprit nouveau», peut être daté de 1919. Il est particulièrement caractéristique du style de Modigliani dont l'art se situe en marge du cubisme et révèle ses qualités de portraitiste. La stylisation des formes, l'accentuation de la ligne, l'élimination des détails donnent une grande expressivité à cette figure. Par l'arabesque qui cerne la forme, Modigliani parvient à exprimer le volume sans avoir recours aux valeurs.

Amedeo Modigliani Livourne, Italie, 1884 - Paris, 1920 · **Portrait de Paul Dermée** vers 1919 · Mine de plomb sur papier collé en plein sur carton · 33 x 25 cm · Acquis en 1937

Paul Tchelitchew Moscou, Russie, 1898 - Rome, Italie, 1957 · **Tête de jeune homme** vers 1925 · Huile sur toile. 61 x 50 cm · Don Mathilde Klotz, 1927

Tchelitchew partage avec
Christian Bérard et Eugène
Berman le même intérêt pour la
représentation de l'homme et sa
relation au monde. C'est par des
moyens plastiques qu'il propose
un néo-humanisme. Ainsi cette
physionomie à l'asymétrie
particulière est peinte sans être
idéalisée, tout en demeurant
vide de toute anecdote.
L'insistance du gros plan confère
à cette image son aspect
monumental. La linéarité et le
rendu des formes, comme
le jeu des couleurs entre le fond
et le visage, ne sont pas sans
rappeler les soldats aux corps
anguleux et les pierrots aux
faces blêmes que l'artiste a
souvent représentés.

Jules Pascin Vidine, Russie, 1885 - Paris, 1930 · **Jeune fille au collier** Pinceau, encre de Chine sur papier blanc doublé de carton · 46,8 x 33,5 cm · Don Hermine David et Lucie Krog, 1937

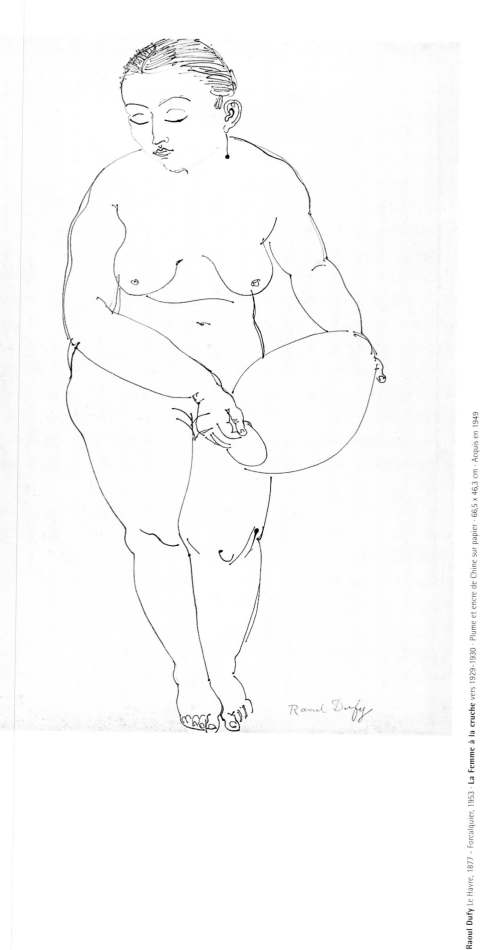

Raoul Dufy

Raoul Dufy Le Havre, 1877 · Forcalquier, 1953 · **La Femme à la cruche** vers 1929-1930 · Plume et encre de Chine sur papier · 66,5 x 46,3 cm · Acquis en 1949

Deux esthétiques sont ici opposées à travers ces œuvres graphiques de Pascin et de Dufy. Le dessin de Pascin, réalisé au pinceau et à l'encre de Chine, est composé au moyen de taches qui donnent à la représentation son aspect luministe. Celui de Dufy, qui a recours à la plume, est fondé sur le trait qui apporte à la composition toute sa clarté. Modelé et linéarité, qui sont des composantes plastiques, expriment des modes de représentation réaliste ou idéalisée.

Ce tableau fait partie d'une série de natures mortes dans lesquelles Fautrier a expérimenté des solutions formelles nouvelles. Il utilise une matière picturale légère, presque transparente sur les bords, à peine épaisse pour le motif dont le contour est souligné par un léger grattage. Les tons bleus et jaunes alternent avec les gris et noirs, suggérant des zones d'ombre et de lumière tout autant que la palpitation et le glissement des poissons. La modestie du sujet, le caractère tenu de la couleur, la maîtrise de la matière par le dessin incisif traduisent une volonté d'aborder la création picturale au moyen d'une approche directe du sujet.

Jean **Fautrier** Paris, 1898 · Châtenay-Malabry, 1964 · **Poissons** 1927 · Huile sur toile · 54,2 x 65 cm · Acquis en 1930

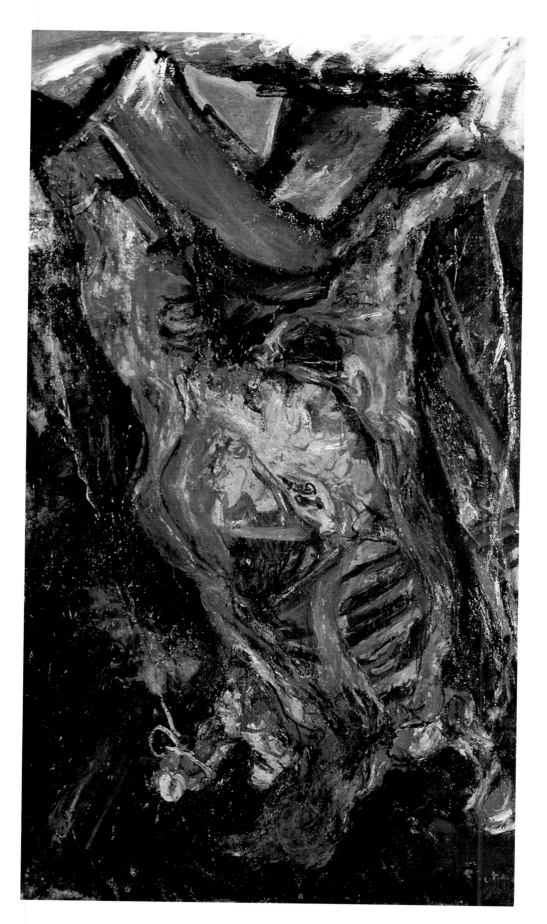

Chaïm Soutine Smilovitchi, Lituanie, 1893 · Paris, 1943 · **Le Bœuf écorché** 1925 · Huile sur toile · 202 x 114 cm · Acquis en 1932

Ce tableau est la plus imposante des variations que Soutine ait entreprises à partir du «Bœuf écorché» peint par Rembrandt en 1655. La béance de la pièce animale à la forme brutalement simplifiée est pour l'artiste l'occasion de créer une variation chromatique sur les rouges et les jaunes en contraste violent avec les tons froids de l'espace environnant. Une grande intensité emplit la toile, créée dans un combat, tant physique que mental, avec la peinture. Les empâtements, les superpositions, les coulures, les hachures et les reprises concourent à impliquer le spectateur dans cette volonté de donner forme et sens à la véhémence des éclaboussures de couleur.

Gustave De Smet Gand, Belgique, 1877 - Deurle-sur-Lys, Belgique, 1943 · **Le Cirque III** 1924 · Huile sur toile · 131,2 x 94 cm · Don Mme et M. Van Hecke-Norine, 1928

«Le Cirque III» concilie le cubisme de Fernand Léger et l'expressionnisme. Ce sujet est en effet expressionniste et De Smet, par sa composition étagée où s'opposent l'envol de l'écuyère et la pesanteur du clown, par sa gamme colorée où dominent les tons chauds (l'ocre, l'ocre-rouge et le blanc cassé), le montre comme un univers moins joyeux qu'étouffant et mécanique. La discipline cubiste de Fernand Léger est également décantée: le clown, traité en formes tubulaires davantage construites en facettes que modelées, apparaît déshumanisé, tel une marionnette. Sa représentation est également nourrie de références aux imageries naïves et enfantines qu'affectionnaient les expressionnistes.

Constant Permeke Anvers, Belgique, 1886 - Jabbeke, Belgique, 1952 · **Tête de pêcheur** vers 1924-1925 · Huile sur toile · 80 x 55 cm · Don de l'artiste, 1928

Constant Permeke a été le chef de file de l'expressionnisme en Flandre. Sa peinture contient toutes les caractéristiques de cette école: couleurs sombres venues de la terre, facture sommaire, composition simplifiée, réalisme touchant aux archétypes. Ce tableau est construit en volumes synthétiques dans une gamme colorée qui va du rouge au noir, l'expression puissante de la figure étant accentuée par la dissymétrie.

Frits Van den Berghe Gand, Belgique, 1883 - 1939 · **La Baigneuse** vers 1922-1923 · Huile sur toile · 110,5 x 96 cm · Don Mme et M. Van Hecke-Norine, 1928

Frits Van den Berghe a été marqué par le fauvisme, l'expressionnisme allemand et le cubisme. Formes stylisées, couleurs sourdes, compositions solidement construites, sujets souvent proches du fantastique. Le tableau «La Baigneuse» évoque le cubisme dans le traitement des formes et de l'espace. Le sujet, lointaine transposition de l'histoire de Suzanne et les vieillards, est traité de façon ordinaire: sur la plage, une baigneuse, qui réajuste son maillot, est surprise par deux hommes. La composition, l'absence de profondeur, la simplification des formes, la gamme colorée où dominent les terres, les ocres et les gris confèrent à la fois de l'épaisseur et de la solidité à la scène, tout autant qu'une véritable puissance monumentale.

George Grosz Berlin, Allemagne, 1893 - 1959 · **Rue à Berlin** 1931 · Huile sur toile · 92,5 x 140,2 cm · Don de l'artiste, 1935

Le thème de la rue, illustré par les futuristes et les expressionnistes, est présent à plusieurs reprises dans les œuvres de George Grosz, qui fut l'un des chefs de file du dadaïsme à Berlin puis l'un des représentants les plus âpres de la Neue Sachlichkeit, c'est-à-dire du vérisme allemand. La rue est pour lui le lieu où se montrent la décadence et la corruption de la société moderne et la grande ville — Berlin en étant le comble — le lieu de toutes ses turpitudes. Ce tableau que Grosz tient comme un miroir devant son contemporain pour le convaincre qu'il est laid, malade, menteur, prend pour cible tout spécialement les femmes: vieille célestine noire comme la mort, coquette aux épaules enveloppées de fourrure, porcine à l'esprit épais ou pantin sec.

L'espace unifié de la représentation, uniformément brun terreux, est envahi par les formes esquissées au moyen de touches de couleur posées avec une brosse à demi sèche. Chaque figure semble vivre pour elle-même, sans relation avec les autres et toutes les représentations y sont équivalentes, celles des objets ou celles des humains. Ce propos moraliste gagne sa force de la composition si savamment conduite et de la technique picturale, rapide et vibrante dans une gamme colorée à l'expressivité intense.

Tenant d'un style figuratif à tendance expressionniste et stylisée et qui ne cache pas sa dette à l'égard du dernier La Fresnaye, La Patellière a parfois évolué vers la représentation de sujets symbolistes, dont «L'Éclipse» est un exemple. Le sujet, servi par la composition étagée en hauteur, la simplification des formes, les couleurs assourdies dominées par la terre de Sienne, le recours au clair-obscur, rend bien compte de cette poésie de l'étrange et de cet art puisant profondément dans la terre dont témoigne sa création.

Amédée de La Patellière Vallet, 1890 - Paris, 1932 **L'Éclipse** · 1928 · Huile sur toile · 130 x 97,5 cm · Acquis en 1998

«Torse de femme» est réalisé par Zadkine dans un beau granit de Bourgogne: il montre la maîtrise acquise par cet artiste dans une technique alors peu usitée. La référence à l'art antique, et principalement à celui de la Grèce archaïque, tout autant qu'à la statuaire de Michel-Ange, nourrit cette œuvre au statisme monumental. L'aplatissement des surfaces, les lignes de contours taillées en creux sont cependant d'un modernisme qui prolonge celui des réalisations cubistes.

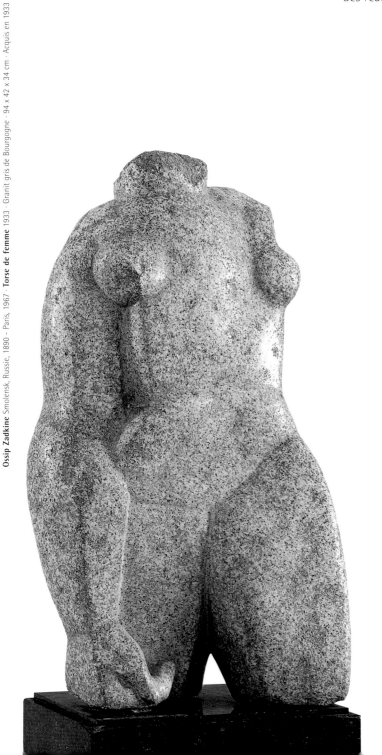

Ossip Zadkine Smolensk, Russie, 1890 - Paris, 1967 · **Torse de femme** 1933 · Granit gris de Bourgogne · 94 x 42 x 34 cm · Acquis en 1933

Marcel **Gromaire** Noyelles-sur-Sambre, 1892 - Paris, 1971 · **Nu au tapis d'Orient** 1926 · Huile sur toile · 64,8 x 100 cm · Acquis en 1946

Le nu féminin est l'un des thèmes familiers de Gromaire. Cette figure très synthétique est réduite à des volumes anguleux aux contours cernés qui sont une réminiscence de l'art nègre tout autant que de la construction cubiste. La gamme colorée presque monochrome mêle les rouges profonds, les ocres et les bruns; elle est travaillée par petites touches pommelées pour exprimer la sensualité robuste du modèle. Ce sens de la couleur et le réalisme expressif de l'œuvre trouvent leur origine dans les liens culturels profonds que Gromaire a gardés avec sa terre natale et l'atmosphère du Nord.

Ossip **Zadkine** Smolensk, Russie, 1890 - Paris, 1967 · **Cavaliers aux champs** 1921 · Aquarelle gouachée et mine de plomb sur papier doublé de carton · 48,5 x 49,5 cm · Acquis en 1921

Herbin s'est tourné en 1918-1919 vers l'abstraction et s'est tout de suite intéressé à la sculpture et à la décoration monumentale. Cette œuvre de 1921 est une tentative de synthèse entre peinture, sculpture et architecture. L'intérêt de cette recherche montre combien peut être libre et novatrice son approche dans le traitement d'un volume peint. Le bloc de bois est sculpté et peint sur quatre faces, sorte de totem posé sur un socle noir. Chaque face reste indépendante mais liée à la suivante par une arête commune qui sert de cadre à chacune des quatre compositions. La répartition des couleurs — le noir, l'ocre-rouge, la terre de Sienne se détachant sur un fond blanc — ne répond encore à aucun code particulier, mais contribue, dans une palette sobre et limitée, à la création d'un rythme qui renforce les parties pleines ou évidées.

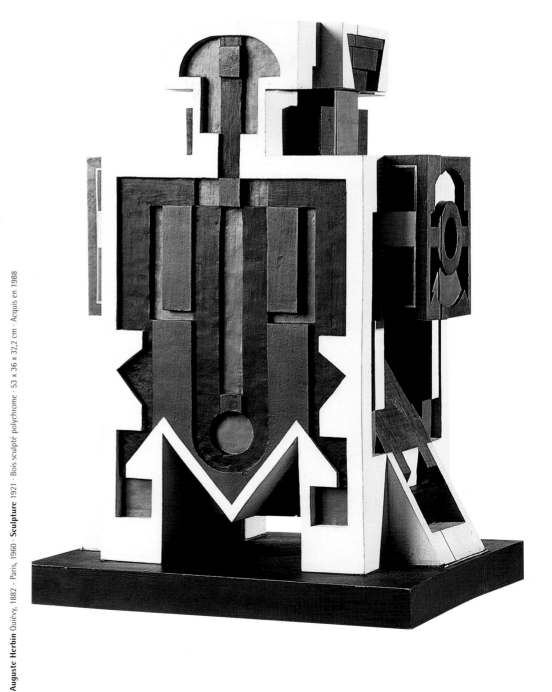

Auguste Herbin Quiévy, 1882 – Paris, 1960 · **Sculpture** 1921 · Bois sculpté polychrome · 53 x 36 x 32,2 cm · Acquis en 1988

Jacques **Villon** Damville, 1875 - Puteaux, 1963 · **Le Sacrifice** 1931 · Huile sur toile · 38 x 55 cm · Acquis en 1998

Villon a été intéressé, autour
de 1930, par les problèmes de
perspective et de traduction de
l'espace, dans le contexte du
mouvement «abstraction
création» et non sans que ses
préoccupations ne rejoignent les
recherches sur la représentation
des objets poussées par Fernand
Léger. Dans une série de tableaux
peints à cette époque, il
construit un espace au moyen de
formes concentriques suggérant
la profondeur et dans lequel
il dispose des objets: serpentin,
mètre pliant, et ici, de façon
inattendue, un lapin écorché.
L'association entre un espace
abstrait et totalement dépouillé
et cette intrusion quasi triviale
est source de poésie étrange.

Théo Van Doesburg Utrecht, Pays-Bas, 1883 - Davos, Suisse, 1931 · **Contre-composition XII** 1924 · Huile sur toile · 21,5 x 52,5 cm · Acquis en 1970

A la fois peintre, architecte, poète, théoricien et fondateur de la revue «De Stijl», Van Doesburg a peint ce tableau en 1924 dans l'esprit du néoplasticisme de Mondrian. Il s'agit d'une peinture non figurative à la facture neutre et à la composition dissymétrique. Elle est organisée en plans de couleurs primaires, le rouge et le bleu, et en plans de couleurs neutres, le gris et le blanc, séparés par des lignes noires orthogonales qui expriment des rapports. Bien que strictement orthodoxe par rapport aux théories de Mondrian, cette œuvre s'affirme très personnelle: le contraste des lignes noires épaisses avec la petitesse du support, le format rectangulaire en étroit bandeau horizontal, le nombre réduit de plans lui confèrent une monumentalité brutale qui n'appartient qu'à Van Doesburg.

«Composition» de 1932 appartient à la fin de la période néoplastique de Hélion. L'œuvre conserve certaines caractéristiques de la doctrine de Mondrian, notamment le jeu des rapports entre les éléments, l'absence de profondeur, la composition fondée sur l'orthogonalité et l'emploi des couleurs primaires. Mais elle témoigne aussi de la liberté prise par rapport à ces principes. En effet, aucune ligne ne traverse la surface. La composition fondée sur la dissymétrie est fragmentée en quatre groupes indépendants reportés sur les côtés du tableau et déterminant un espace vide au centre. Les lignes noires parallèles, dont l'épaisseur varie en fonction de la longueur et dont le nombre est en progression arithmétique, sont associées à des barres de couleur rouge, bleue, jaune et noire. Le dynamisme de la composition et jusqu'à son caractère baroque sont donnés par la position de ces lignes qui ne se coupent pas.

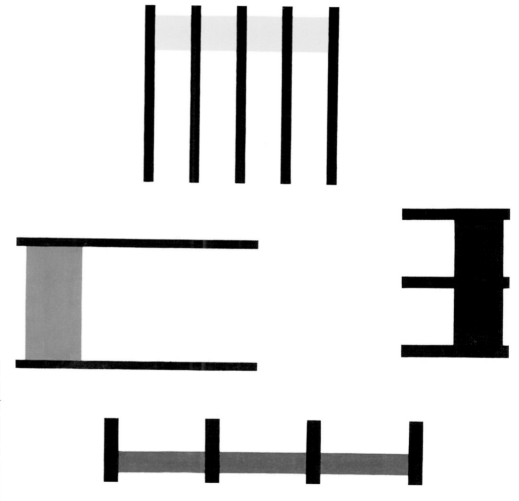

Jean **Hélion** Couterne, 1904 - Paris, 1987 · **Composition** 1932 · Huile sur toile · 90 x 90 cm · Acquis en 1993

«Le Faneur» est l'une des toutes
dernières œuvres de l'artiste
hollandais Bart Van der Leck.
Possible souvenir de Millet et
de Van Gogh, cette image est
construite exclusivement au
moyen d'un vocabulaire des
formes élémentaires, avec des
aplats de couleur rouge, bleue et
jaune sur fond blanc. La
composition s'appuie sur la
grande diagonale représentant
un râteau, qui est une ligne
jaune rehaussée de rouge. Les
autres parties du corps sont
stylisées de la même façon. Par
le choix du format carré,
l'abstraction de ses formes
disposées dans un espace neutre,
et malgré une facture qui laisse
apparaître tous les repentirs, «Le
Faneur» s'impose comme une
image universelle. Une démarche
analogue est présentée dans le
dessin de Van Leusden exécuté
d'après des éléments
d'architecture.

Bart Van der Leck Utrecht, Pays-Bas, 1876 - Blaricum, Pays-Bas, 1958 · **Le Faneur** 1957-1958 · Huile sur toile · 140,6 x 140,2 cm · Acquis en 1989

«Formes» appartient à la période où Vantongerloo a fait l'abandon des compositions orthogonales. Mais à l'image des lignes se coupant perpendiculairement pour former un réseau, la position des courbes reste déterminée grâce au calcul. Les éléments qui composent ce tableau sont réalisés au compas, de façon précise. La ligne supérieure des deux ellipses rejoint virtuellement le fragment de courbe de l'angle inférieur droit, définissant ainsi la composition sur la base d'un demi-cercle. L'accent circonflexe au centre du bord supérieur de l'œuvre ponctue l'ensemble. Les couleurs complémentaires, brun-rouge et vert, posées en aplats et le fond blanc, peints avec une facture précise et glacée, renforcent le caractère abstrait de cette composition, en lui donnant un aspect pur et cristallin.

Georges Vantongerloo Anvers, Belgique, 1886 - Paris, 1965 · **Formes** 1939 · Huile sur masonite · 36,2 x 60,7 cm · Acquis en 1990

Willem Van Leusden Utrecht, Pays-Bas, 1886 - Maarssen, Pays-Bas, 1974 · **Composition** 1928 · Graphite et crayon de couleur sur papier · 50 x 35 cm · Acquis en 1992

Torres-García est un artiste
uruguayen qui a fondé avec
Michel Seuphor la revue «Cercle
et Carré» en 1930. «Structure
en blanc» date de cette année.
Il s'agit d'un relief composé de
morceaux de bois mal rabotés et
peints en blanc, cloués sur une
planche sommairement peinte.
Si la composition paraît
abstraite et rappelle par son
ordonnance les œuvres de
Mondrian, elle participe
néanmoins, dans sa simplicité et
son évocation d'une figure, de
l'univers plastique de Torres-
García, où les agencements de
formes sont analogues à des
idéogrammes.

144 145

Joaquín Torres-García Montevideo, Uruguay, 1874 - 1949 · **Structure en blanc** 1930 · Bois polychromé · 52,5 x 36,2 x 4 cm · Donation de la fondation Abstraction et Carré, 1987

Henryk Stazewski Varsovie. Pologne, 1894 - 1988 · **Composition** 1930 · Huile sur toile · 73 x 54 cm · Acquis en 1998

Strzeminski et Stazewski ont
été, avec Katarzyna Kobro, les
protagonistes de l'art moderne
en Pologne dans les années
20 et 30. Ils ont été marqués
par Mondrian et Malévitch. Le
recueil de poèmes de Julian
Przybos a été mis en page par
Strzeminski selon les principes
du néoplasticisme.
La couverture avec ses couleurs
primaires et la disposition des
éléments typographiques selon
des directions orthogonales en
est une illustration. Le tableau
de Stazewski avec sa structure
équilibrée par le jeu
asymétrique des lignes
horizontales, verticales et de
l'arc de cercle, par l'alternance
des surfaces blanches et bleues
et leur stricte disposition dans le
plan qui témoignent d'une
économie de moyens absolue,
est une œuvre d'une rare
perfection.

Wladyslaw Strzeminski Minsk Litewski, Biélorussie, 1893 - Lodz, Pologne, 1952 · **Julian Przybos** «Z Ponad» (D'en haut), Cracovie, 1925 · Acquis en 1996

César Domela a été l'un des premiers peintres à se consacrer au relief construit. Ses œuvres jouent avec différents plans, des lignes et des surfaces, des droites et des courbes, des parties opaques ou transparentes, lisses et rugueuses, brillantes et mates, dans une invention sans cesse renouvelée. Réalisées avec énormément de soin et de savoir-faire, dans des matériaux parfois précieux, les œuvres de Domela sont de véritables «tableaux-objets». C'est ce que montre le «Relief n°12 A» de 1936, avec ses formes géométriques très définies. Toute la structure du relief et l'arrangement des formes sont subordonnés au triangle disposé en oblique. Ce parti aboutit à un jeu de contrastes très élaboré que souligne le choix des matériaux: Plexiglas lisse et transparent, cuivre perforé et brillant, peinture mate des petits triangles qui rappellent le néoplasticisme.

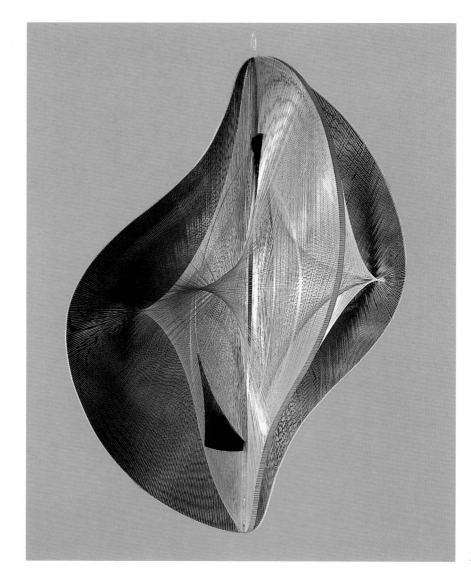

Naum Gabo Briansk, Russie, 1890 - Waterbury, États-Unis, 1977 · **Construction linéaire dans l'espace n°2** 1949-1953 · Perspex et fibres de nylon · 113,5 x 84,5 x 84,5 cm · Acquis en 1972

César Domela Amsterdam, Pays-Bas, 1900 - Paris, 1992 · **Relief n°12 A** 1936 · Bois, métal, matière plastique, Plexiglas · 75 x 62,5 x 6 cm · Acquis en 1993

Suspendue par un point entre sol et plafond, composée de faisceaux de lignes formant des surfaces déployées en corolles convexes ou concaves que la lumière traverse, cette construction nie le volume comme masse inerte et stable. La construction créée par Gabo est bien abstraite même si elle paraît proche pour le spectateur d'aujourd'hui des formes du monde scientifique.

La superposition dans la transparence de ses fines textures détermine un espace changeant. Les lignes de force de ses surfaces se nouent ou se déploient, engendrant des «rythmes cinétiques, formes essentielles de notre perception du temps», comme le recherche l'artiste.

«Construction en cuivre» d'Anton Prinner est le témoin majeur de la période «constructiviste» de l'artiste, fascinée alors par le nombre d'or et les mathématiques. L'œuvre s'apparente à un «objet mathématique». Elle se compose d'un axe horizontal posé au sol qui supporte dans un plan orthogonal trois cercles de diamètre et d'épaisseur différents, répartis sur la longueur et dont le plus petit ferme l'une des extrémités. A l'autre extrémité, une sphère semble sortir de la structure. Tous ces éléments sont réunis par des barres obliques, plus ou moins fines, en torsion, qui déterminent des volumes ouverts. Cette sculpture abstraite peut aussi se voir comme l'image symbolique d'une planète en mouvement dans le cosmos. Le dessin de Marlow Moss fait à la règle et au compas fait partie de la même esthétique.

Marlow Moss Richmond, Royaume-Uni, 1890 - Penzance, Royaume-Uni, 1958 · **Dessin n°3** 1943 · Encre et gouache sur papier · 24,7 x 24 cm · Don Stephen Nijhoff, 1986

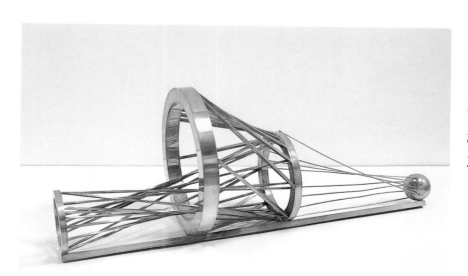

Anton Prinner, Budapest, Hongrie, 1902 - Paris, 1983 · **Construction en cuivre** 1935 · Laiton et cuivre · 50 x 50 x 135 cm · Acquis en 1992

Teige a été l'un des principaux
acteurs de l'avant-garde
tchécoslovaque. Tenant d'un
constructivisme radical, il s'est
consacré à la typographie et à la
diffusion des idées modernes
avec la publication de la revue
«RED». Le recueil de poèmes de
Vitezslav Nezval qu'il met en
page avec des photographies de
la danseuse Karla Teigeho prises
par Karel Paspy est un chef-
d'œuvre de la typographie du
XXe siècle. Dans cet abécédaire,
le rapport entre les formes
abstraites de la lettre et le
mouvement du corps retrouve
exactement l'esprit des lettres
ornées de l'enluminure
médiévale.

Piet Zwart a fait également
passer dans le domaine de la
typographie les innovations de
l'art moderne, en particulier les
formes du néoplasticisme et la
technique du collage et du
photomontage, ce que montre la
double page du catalogue «NKF»,
une fabrique de câbles
néerlandaise pour laquelle il a
travaillé.

Karel Teige et **Vitezslav Nezval** · **ABECEDA** 1926 · Édition Nákladem J. Otto, Prague, 1926 · Acquis en 1993

László **Moholy-Nagy** Borsod, Hongrie, 1895 - Chicago, États-Unis, 1946 · **Eifersucht** 1927 · Photomontage et dessin à la plume et à l'encre de Chine · 63 x 45 cm · Acquis en 1971

Ce photomontage est constitué de photographies découpées et collées et de parties dessinées à l'encre de Chine. Le sujet est allégorique: il montre une figure féminine en maillot de bain dont l'ombre est projetée au sol et sur un panneau vertical. Dans cette figure, se découpe en réserve la silhouette du personnage placé dans la partie supérieure de la composition: il s'agit d'une photographie en négatif de Moholy-Nagy lui-même, en combinaison d'ingénieur, debout, les mains croisées derrière le dos. Un personnage accroupi tenant un fusil est placé à l'intérieur dans la forme en réserve, qui dirige son tir vers la figure du premier plan. Avec sa mise en page dissymétrique et sa construction rigoureuse et subtile, ce collage est caractéristique du style de Moholy-Nagy qui a été le principal représentant du constructivisme en Allemagne.

Piet Zwart Zaandijk, Pays-Bas, 1885 - Leidschendam, Pays-Bas, 1977 **NKF** 1928 · Catalogue de la Nederlandsche Kabelfabriek, Delft · Acquis en 1991

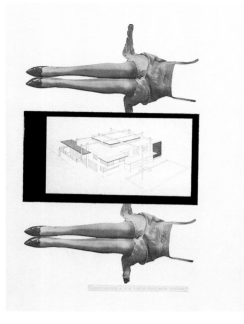

Friedrich Vordemberge-Gildewart Osnabrück, Allemagne, 1899 - Ulm, Allemagne, 1962 · **Composition n° 48** 1928 · Photomontage · 35,5 x 26 cm · Acquis en 1987

150 151

Friedrich Vordemberge-
Gildewart, qui participa au
mouvement De Stijl à partir de
1924, montre avec ce collage
son intérêt pour le
néoplasticisme et pour la
technique du photomontage
dadaïste telle qu'elle a été
utilisée par Hannah Höch, Raoul
Hausmann et John Heartfield.
Cette composition est constituée
d'une photographie du projet
d'une maison de campagne
dessinée en 1923 par l'artiste,
bordée par un cadre noir, et de
deux illustrations identiques
découpées dans un catalogue
montrant une paire de jambes
féminines qui sortent d'une
combinaison en lingerie fine,
disposées parallèlement et de
part et d'autre de la vue
d'architecture. Le titre de
l'œuvre, dactylographié sur une
bande de papier découpé,
renforce le sens énigmatique de
cette composition: «architektur...
keine optische wertung»
(architecture... pas de
classement optique).

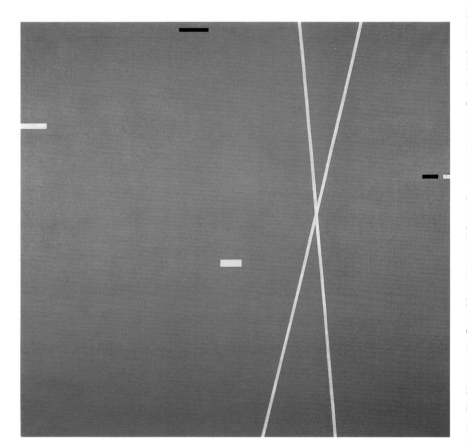

Friedrich Vordemberge-Gildewart Osnabrück, Allemagne, 1899 - Ulm, Allemagne, 1962 · **Composition n°164** 1947 · Huile sur toile · 117,3 x 117,3 x 7,2 cm · Donation de la fondation Abstraction et Carré en 1987

La «Composition n°164» de 1947
a été réalisée par Vordemberge-
Gildewart à Amsterdam dans
la dernière partie de sa vie: elle
présente un champ pictural gris,
qui est traversé de haut en bas
par deux lignes obliques de
couleur blanche se croisant en
leur milieu et donnant la
direction verticale. De part et
d'autre de ce motif très
dynamique sont répartis au
hasard cinq courts tirets
horizontaux de même épaisseur
qui permettent de l'équilibrer.
Cette composition obtenue par
une très grande économie de
moyens possède une forte et
subtile élégance.

Kurt Schwitters Hanovre, Allemagne, 1887 - Ambleside, Royaume-Uni, 1948 · **47-14 De Stijl** 1947 · Collage · 27,5 x 22,2 cm · Acquis en 1986

Ce collage a été réalisé par Kurt Schwitters à la fin de sa vie alors qu'il se trouvait en Grande-Bretagne où il avait trouvé refuge après avoir quitté l'Allemagne nazie. Il est constitué de morceaux de papier découpés dont certains portent des timbres français, tandis que d'autres sont des fragments de publicité concernant «De Stijl», revue fondée par Théo Van Doesburg en 1917. Avec les surfaces morcelées grises, jaunes et rouges et les fragments de lignes noires qui viennent de textes imprimés et qui paraissent disposés de façon chaotique dans un espace à deux dimensions, cette œuvre intitulée «De Stijl» se présente en quelque sorte comme un tableau néoplastique de Mondrian ou de Van Doesburg, qui aurait été décomposé et reconstruit dans un ordre différent. Ce collage, qui réutilise les déchets pour aboutir à la création de «quelque chose de nouveau», illustre bien la démarche que Schwitters désigne du nom de «Merz».

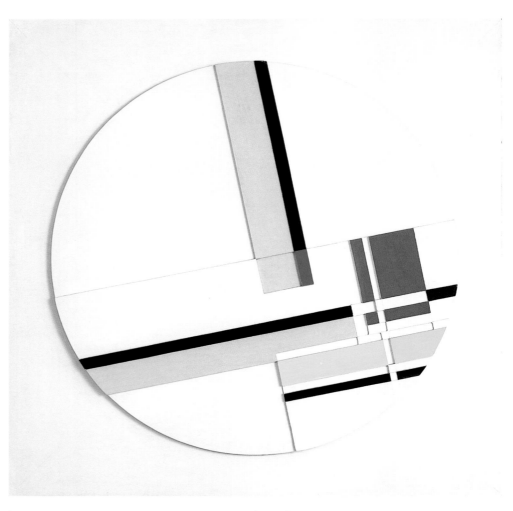

Jean Gorin Saint-Émilien-de-Blain, 1899 - Niort, 1981 · **Composition n°36** 1937 · Huile sur bois · 92 x 92 x 5,5 cm · Donation Suzanne Gorin, 1989

La réalisation en 1930 de son premier relief a fait de Jean Gorin l'un des continuateurs les plus conséquents de l'œuvre de Mondrian pour qui cette forme d'expression réalisait l'ambition de dépasser la peinture de chevalet pour une synthèse des arts dans l'architecture. Dans ce relief de 1937, Jean Gorin a conquis un répertoire formel et des possibilités expressives personnelles. Le relief lui permet une approche subtile de la peinture: la ligne ou la surface pouvant être données de trois manières. Le cercle blanc se détache par son inscription en faible relief sur le fond carré, de telle sorte que la composition, ouverte et en léger déséquilibre par le balancement des lignes selon un angle d'environ quinze degrés, est tenue. Les tonalités claires où le bleu domine confèrent aux éléments classiques du néoplasticisme une élégance toute particulière.

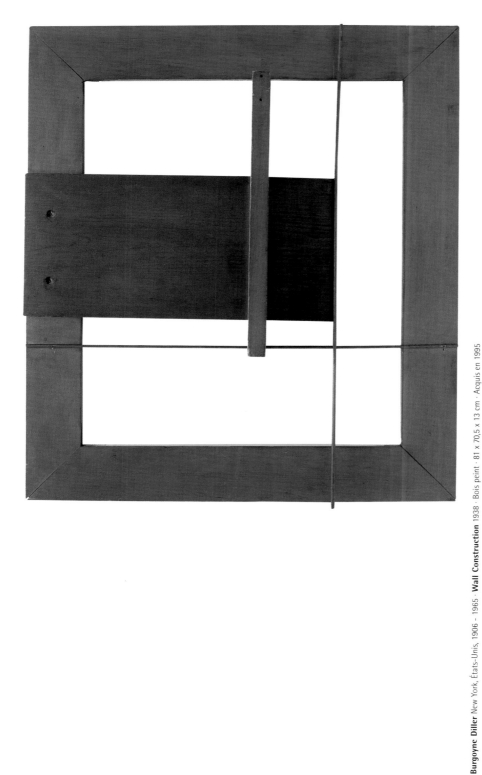

Diller a été l'un des créateurs des premiers reliefs réalisés aux États-Unis à la fin des années 30. «Wall Construction» est un relief élaboré au moyen d'un cadre sans fond. La construction en bois est faite de deux panneaux de dimensions et d'épaisseur différentes et de tiges de section ronde, installées dans une composition orthogonale et asymétrique. Ce «relief-cadre» joue sur les rapports entre les pleins et le vide, les formes en relief et l'espace, les plans et la profondeur au moyen de ces éléments étagés et débordant latéralement.

Œuvre au statut complexe, ni tout-à-fait sculpture — avec sa polychromie délicate — ni tout-à-fait objet — avec des éléments mobiles, «Cône» assemble des matériaux trouvés (morceau d'os, copeau de plomb, cordes) et des formes élaborées et peintes avec une grande rigueur pour une narration insolite. L'un des rares artistes à s'être rendu au Bauhaus de Dessau où il rencontrera notamment Feininger, Kandinsky et Klee, Peyrissac s'est créé à cette date un style original dont témoigne bien cette œuvre, entre constructivisme et surréalisme et à mi-chemin de la peinture et de la sculpture.

Jean Peyrissac Cahors, 1895 - Paris, 1974 · **Cône** 1924 · Bois, os, cordes, plomb et fer · 110 x 11 x 21,5 cm · Acquis en 1988

Ayant été un peintre abstrait particulièrement conséquent, Jean Hélion a changé vers 1935, pour revenir en 1939, au terme d'une évolution à rebours, à la figuration. Le tableau «Configuration» date de 1937 et se situe à la charnière entre ces deux formes d'expression, ni tout à fait abstrait ni figuratif. On peut reconnaître une tête, un cou, un buste et des membres. Mais la stylisation des formes peintes en aplats confère encore à cette image un aspect très énigmatique.

Jean Hélion Couterne, 1904 - Paris, 1987 · **Configuration** 7 avril–21 octobre 1937 · Huile sur toile · 152,2 x 111,6 cm · Dépôt du fonds national d'Art contemporain, 1970

Robert Delaunay Paris, 1885 - Montpellier, 1941 · **Cercles simultanés** 1934 · Huile sur carton · 60 x 46,5 cm · Acquis en 1948

Delaunay a opté définitivement pour l'abstraction à partir de 1930. Il reprend le répertoire des formes qu'il a inventées et approfondit sa réflexion sur le rythme, tout en cherchant à intégrer sa peinture à l'architecture. La construction du tableau «Cercles simultanés», qui date de 1934, repose sur trois progressions concentriques de cercles et de formes circulaires qui se succèdent de part et d'autre d'un axe médian oblique. Par la savante répartition et la juste proportion du blanc, du noir, du gris, des couleurs primaires et de leurs complémentaires, Delaunay crée une architecture de la couleur fondée sur le mouvement.

La rigueur et l'agencement des formes, la précision des contours, l'aplat des couleurs témoignent d'un dépouillement qui rapproche l'art de Delaunay de celui des constructivistes et des néoplasticiens.

Béöthy a fondé son art sur le calcul des proportions et l'utilisation des mathématiques, à partir de l'étude de la morphologie et de l'évolution des formes. Chaque arête et chaque volume de ses sculptures sont le résultat d'un calcul systématique, s'appuyant sur une théorie des nombres (ceux de la «Série d'Or») et de la croissance naturelle des formes. Dans «La Guêpe», les pleins succédant aux déliés créent un véritable mouvement dans l'espace, tandis que les arêtes, jouant par rapport aux volumes, conduisent la lumière sur des surfaces tantôt concaves, tantôt convexes, traduisant avec une totale maîtrise la conjugaison de l'espace et du temps, dimensions essentielles de la vie.

Étienne Béöthy Hèves, Hongrie, 1897 - Montrouge, 1961 · **La Guêpe** 1957 · Bois d'irrocco · 131 x 65 x 9 cm · Donation Ayin Béöthy et Christine Dufour, 1987

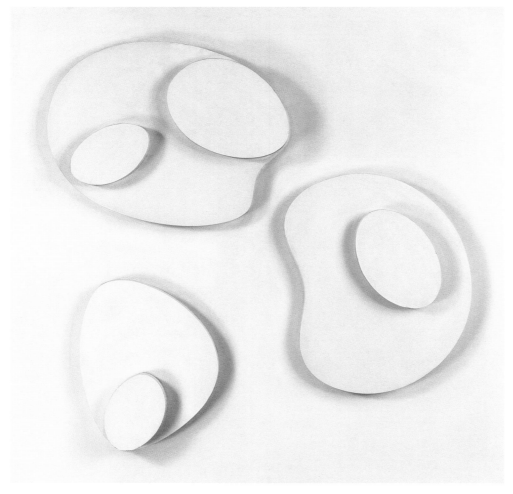

Avec ses «formes terrestres» irrégulières, organiques et mouvantes, Arp concilie l'abstraction et la nature dont les valeurs spirituelles lui sont une source de réconfort. «Objets célestes» est un relief composé de formes étagées en trois îlots sur un support carré, qui sont peintes en blanc laqué, excepté leur chant qui est jaune. La facture étant totalement neutre, seule joue l'ombre portée teintée de jaune sur le blanc. L'équilibre rare entre la liberté poétique et la rigueur constructive impose la présence de cette œuvre.

Jean Arp Strasbourg, 1886 - Bâle, Suisse, 1966 · **Objets célestes** 1962 · Bois peint · 75,7 x 75,7 x 8,5 cm · Don Marguerite Arp-Hagenbach, 1970

Ce tableau est constitué de formes blanches au dessin précis étagées sur un fond bleu uniforme. L'alternance des lignes droites et des courbes ondulantes qui délimitent ces formes blanches se présente comme une séquence, comme l'indique une dernière forme coupée par le bord inférieur du support. Cette composition crée par les moyens de la géométrie un phénomène optique très simple qui est engendré par la répétition d'un contraste coloré et formel. Son évidence et sa simplicité lui confèrent une poésie pleine de finesse et d'harmonie.

L'intérêt pour la répétition se retrouve dans ce dessin de 1938: avec des formes semblables, en jouant de changements de proportion et d'espace, l'artiste révèle des mouvements et des tensions variées. Quatre figures semblables, dont l'une est inversée, sont constituées de deux formes sensiblement identiques associant lignes courbes et lignes droites. Leur rapport crée une composition qui exprime un rythme, rappelant l'une des autres activités de Sophie Taeuber-Arp: la danse.

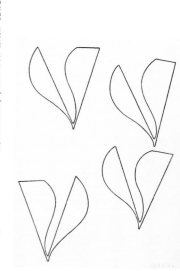

Quatre figures écartées 1938 · Crayon noir sur papier collé sur carton · 32 x 23,5 cm · Don Marguerite Arp-Hagenbach, 1973

Sophie Taeuber-Arp Davos, Suisse, 1889 - Zurich, Suisse, 1943 · Échelonnement 1934 · Huile sur toile · 65 x 50,8 cm · Acquis en 1969

Joan Miró élabore son univers
poétique à partir de 1923 au
contact des écrivains et des
artistes surréalistes à Paris.
A partir de 1925, il crée son
langage dont témoigne
«Personnage au rectangle blanc».
Un personnage dessiné au trait
de façon sommaire se détache
sur un fond de couleur ocre très
nuancé. Cette figure, sans
rapport avec la réalité, installée
dans un espace plat, est
caractérisée par un œil démesuré,
peint à la gouache blanche, et
par un nez caricatural. Le reste
du corps, à peine indiqué, est
décoré de deux rectangles noirs
réunis par leur pointe et d'une
grande surface blanche, tandis
qu'un énigmatique chiffre 5
occupe la partie inférieure de la
composition. Entre abstraction
et évocation poétique, ce dessin
révèle bien la place originale
de l'art de Miró au sein du
surréalisme.

Joan Miró Barcelone, Espagne, 1893 - Palma, Espagne, 1983 · **Personnage au rectangle blanc** 1928 · Gouache et fusain sur papier · 108 x 71,8 cm · Don Pierre Loeb, 1928

Dans «Loup couleur d'automne», un fond ocre rouge signifie à lui seul les couleurs de la saison et les profondeurs de la forêt. La tête d'un loup, à la gueule ouverte et à la langue sinueuse, est schématiquement dessinée à la gouache noire en haut de la composition. Plus bas se trouve le ventre de la bête, accompagné de signes et de formes traduisant la vie végétale. La couleur est ensuite posée par taches et par traînées. Masson crée ici un répertoire d'images fondé sur la calligraphie: il se place entre une figuration suggérée et une abstraction parfois réelle, mettant en avant le libre tracé, le geste au service de son monde poétique.

André **Masson** Balagny, 1896 · Paris, 1987 · **Loup couleur d'automne** 1943 · Gouache · 78,7 x 57,5 cm · Don A. Lefèvre, 1960

Dans une harmonie fondée sur
un camaïeu de tons roses,
violets et bleus, Paul Klee a tracé
des signes, qui représentent de
façon sommaire un paysage
de maisons et d'arbres, avec un
petit enfant en bas à gauche.
Ces signes rappellent les
dessins d'enfants et permettent
de composer un univers naïf
et poétique proche de celui de
l'enfance. La composition est
en réalité savamment élaborée:
elle régularise ses signes par la
géométrie: triangles rectangles
des toits, croix orthogonales
dans le carré des fenêtres... et
les distribue également sur
toute la surface orchestrée par
des bandes verticales.

Paul Klee Münchenbuchsee, Suisse, 1879 - Muralto-Locarno, Suisse, 1940 · **Paysage à l'enfant** 1923 · Huile sur bois. 28,7 x 41,5 cm · Don Daniel-Henry Kahnweiler, 1935

Vassily Kandinsky Moscou, Russie, 1866 - Neuilly-sur-Seine, 1944 · **Complexité simple** 1939 · Huile sur toile. 100 x 81 cm · Dépôt du musée national d'Art moderne, 1988

Appartenant à la période parisienne de l'artiste, ce tableau est caractéristique de l'orientation baroque de Kandinsky à la fin de sa carrière. L'artiste y joue de multiples contrastes de formes, afin de créer par le rapport des éléments entre eux une image d'une grande complexité, dont Frank Stella saura tirer parti pour son propre travail.

Max Ernst Brühl, Allemagne, 1891 - Paris, 1976 · **Le Rossignol chinois** 1920 · Collage · 12,2 x 8,8 cm · Don famille Genon-Catalot, 1992

En 1920, Max Ernst se rend à Paris et exécute de nombreux collages dadaïstes. «Le Rossignol chinois» est composé à partir de photographies découpées dans des catalogues de vente par correspondance et dans des encyclopédies techniques. Les images utilisées, l'obus et le porte-obus, évoquent la guerre et la destruction. Cependant, associées ici à l'éventail, à l'écharpe et au mouvement gracieux des bras, elles donnent à l'œuvre un caractère irréel et poétique propre au dadaïsme de Max Ernst, sans rapport avec la critique sociale des dadaïstes berlinois.

Acteur du surréalisme, Max Ernst invite à voir l'image d'une forêt dans cette œuvre obtenue par frottage et grattage. Ces procédés de fabrication connus des enfants permettent de révéler la texture des fibres d'une planche de bois, le dessin d'une ficelle et le relief tourmenté d'objets quelconques qui, posés sur un support fraîchement peint, sont imprimés; leur empreinte est travaillée par le grattage de la couche picturale au moyen d'un couteau. Le ciel bleu et le soleil sont ensuite peints au pinceau et donnent à cette image le sens proposé par le titre. L'utilisation du hasard, corrigé ou non, l'appel à l'imaginaire stimulé par la mise en relation du langage avec des formes plastiques sont des données caractéristiques de la création surréaliste. Le thème de la forêt, cher aux romantiques allemands, a été très important dans l'œuvre de Max Ernst.

Max Ernst Brühl, Allemagne, 1891 · Paris, 1976 · **La Forêt** 1927 · Huile sur toile · 80,7 x 100 cm · Don de l'artiste, 1931

Ce tableau, composé d'éléments juxtaposés dans l'esprit d'un collage, étage cinq plans définissant un paysage désolé avec montagnes dans une gamme de gris clairs colorés. Trois objets sont installés au premier plan, dont l'ombre portée donne sa vraisemblance à la scène: un oiseau réduit à une tête aveugle, un bec, une queue et une tige cylindrique formant support, un châssis losangique encadrant un treillis devant lequel sont disposées quatre plumes, deux éléments en faux bois et à la silhouette dessinée au conformateur. Peint avec une technique neutre et froide, ce paysage a l'apparence du réel grâce à sa facture illusionniste. Son interprétation, auquel le titre donne ses limites, permet de s'interroger sur le décalage entre la réalité visible et sa représentation picturale.

René Magritte Lessines, Belgique, 1898 - Bruxelles, Belgique, 1967 · Les Épaves de l'ombre 1926 · Huile sur toile · 120 x 80 cm · Don galerie Le Centaure, 1928

Victor Brauner Piatra Neamt, Roumanie, 1903 - Paris, 1966 · **La Femme à l'oiseau** 1955 · Huile sur toile. 65 x 54 cm · Legs Jacqueline Victor Brauner, 1987

Marqué par les images de l'art populaire et les légendes anciennes peuplées de fées et de vampires, Victor Brauner a créé un univers composé de fantasmes et de rêves, de désirs et de terreurs. Bien cerné dans son cadre noir et se détachant sur un fond clair, le motif de «La Femme à l'oiseau» illustre un de ses thèmes de prédilection, où le fantastique de la vision côtoie le symbole abstrait grâce au traitement schématisé des formes. La gamme colorée très sobre, la facture précise, la composition rigoureuse sont caractéristiques de la dernière période de Victor Brauner.

Yves Tanguy Paris, 1900 - Woodbury, États-Unis, 1955 · **Nid d'amphioxus** 1936 · Huile sur toile · 65 x 81 cm · Don Peggy Guggenheim, 1954

Le titre de cette œuvre introduit dans l'univers de sa représentation: l'amphioxus est en effet un petit animal marin pisciforme, qui vit caché dans le sable. Tantôt effilés, tantôt massifs, les animaux, groupés dans un espace désertique, sans repère et dans une lumière irréelle, semblent pétrifiés. Peinte au moyen d'une facture neutre, cette composition est caractéristique du surréalisme de Tanguy.

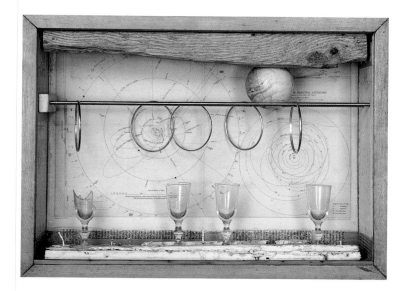

Joseph Cornell Nyack, États-Unis, 1903 - New-York, États-Unis, 1972 · **Navigation Series Box** 1950 · Bois, papier, métal, verre et objets divers · 34,3 x 46,9 x 11,4 cm · Acquis en 1990

Cette œuvre assemble une carte du système solaire, une balle d'enfant, des anneaux, des petits verres à pied dans l'espace clos d'une boîte qui devient ainsi une représentation métaphorique de l'univers. La symbolique des éléments réunis, leur préciosité et leur instabilité, la miniaturisation prodigieuse de l'espace qu'ils évoquent donnent un charme teinté d'humour à cette scénographie. Les boîtes de Cornell constituent un apport original au surréalisme par leur thématique et par le renouvellement du langage plastique qu'elles proposent, où l'œuvre et sa vitrine ne font qu'un.

170 171

Ce tableau montre un couple
enlacé inscrit en transparence
sur un fond bleu d'azur, auquel
sont associés des paysages de
mer, de montagne et
d'habitations, sans autre logique
que de représenter des poncifs.
Les visages sont métamorphosés
par des bouches répétées, des
yeux qui regardent dans toutes
les directions et des contours
redoublés. Ces superpositions
textuelles et formelles sont une
critique du bon goût artistique.
Dans «Idylle», Picabia utilise la
peinture qu'il emploie de façon
hâtive et avec des couleurs
criardes pour renchérir avec
ironie sur un sujet qui est un
cliché populaire. L'encadrement
de ce tableau est dû à Pierre
Legrain, décorateur et relieur
célèbre des années 20.

De Chirico, qui fut en 1915 l'initiateur de la peinture métaphysique dont le mannequin est le personnage clé, donne ici une image de son sujet étonnante par sa dimension introspective et imaginaire. Leur tête dans les nuages, formée d'un volume exact, les époux sont unis dans un seul buste formé de blocs architecturaux anciens et modernes et drapés à l'antique. Avec la complexité de leur univers culturel et la richesse de leurs sentiments, ces figures s'imposent par leur présence sereine et tranquille. La vigueur et la monumentalité de la composition, la liberté et la sûreté du métier font de ce tableau une œuvre emblématique de ce peintre qui, dans l'esprit des grands artistes classiques, eut l'ambition de s'interroger sur l'héritage de la culture humaniste et sa place dans notre époque.

Giorgio De Chirico Volos, Grèce, 1888 - Rome, Italie, 1978 · **Les Époux** 1926 · Huile sur toile · 60,8 x 50,2 cm · Don Paul Guillaume, 1927

André Bauchant, l'un des plus célèbres artistes naïfs, fut apprécié par Ozenfant, Le Corbusier et Lipchitz, qui s'attachèrent à le faire connaître. Ce paysage, composé de vallons, de falaises, de champs et d'étendues boisées, est traversé par une route et surmonté de nuages rosés. L'invention plastique de ce paysage a consisté à projeter au premier plan deux paysans qui sont assis dos à dos, les mains au repos, avec à leur côté un panier rempli de fruits. André Bauchant a construit sa représentation dans un espace sans profondeur et en étageant les formes. Les maladresses et la naïveté de l'ensemble contribuent à donner à la composition une certaine grandeur.

Dans son «Autoportrait», Camille Bombois a choisi de se montrer avec les attributs de son activité de peintre, posant de trois quarts, dans une attitude hiératique qui confère de la solennité à la scène. Ce portrait est composé de trois parties, l'artiste, le tableau, la palette: l'artiste, avec son regard fixe, empreint de certitude, est représenté posant.
Le tableau placé sur le chevalet est vu de face: c'est un paysage construit avec une perspective et peint avec minutie. La palette avec ses taches de couleurs est l'attribut qui qualifie le modèle. La structure de la composition est assurée par les horizontales et les verticales dessinées par le chevalet et le tableau.

André Bauchant Château-Renault, 1873 - Montoire-sur-le-Loir, 1958 · **Le Repos au bord de la route** 1932 · Huile sur toile. 54,8 x 80,8 cm · Acquis en 1947

Camille Bombois Venarey-les-Laumes, 1883 - Paris, 1970 **Autoportrait** vers 1936 · Huile sur toile. 64,3 x 54 cm · Don de l'artiste, 1937

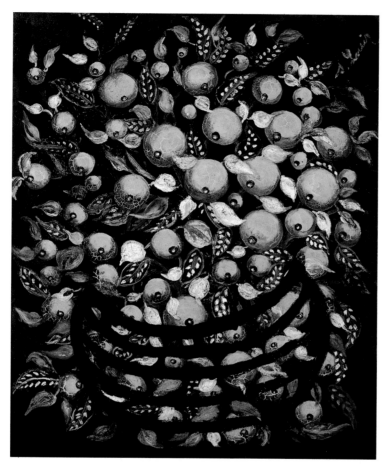

Séraphine de Senlis · Séraphine Louis, dite, Assy, 1864 - Clermont, 1942 · **Les Fruits** vers 1928 · Huile sur toile · 92 x 73 cm · Don Wilhelm Udhe, 1938

René Rimbert a représenté les rues de son quartier, autour de Saint-Germain-des-Prés et de la place Saint-Sulpice. Peinte avec minutie et dans une facture léchée, «La Rue du Dragon à Paris» est envahie d'une douce atmosphère. La luminosité des couleurs, si présente dans le ciel et la partie haute des immeubles, notamment avec le mur-pignon recouvert de la célèbre publicité des frères Ripolin, décline vers le bas dans des tons d'ocre et de terre. La rue presque vide et silencieuse annonce les décors de Balthus. C'est une certaine mélancolie qui se dégage de la composition.

Dans ce tableau, les branches des arbres ont tendance à disparaître, la surface est traitée de manière décorative. Les motifs végétaux envahissent totalement l'espace de la toile. Les effets de profondeur sont pratiquement inexistants. La répétition des formes sphériques, la fragilité des tiges, le contraste du fond noir avec les fruits jaunes, la panière qui semble peinte après coup donnent à cette œuvre un caractère de luxuriance, d'abondance et de fraîcheur. D'après la tradition, Séraphine de Senlis commençait ses tableaux à partir de la signature et recouvrait progressivement sa toile, sans dessin préalable.

René Rimbert Paris, 1896 - Perpezac-le-Noir, 1991 · **La Rue du Dragon à Paris** 1930 · Huile sur toile · 81 x 65 cm · Don galerie Percier, 1938

Nicolas de Staël Saint-Pétersbourg, Russie, 1914 - Antibes, 1955 · **Agrigente** 1954 · Huile sur toile · 114 x 146 cm · Acquis en 1982

La collection concernant la période qui s'étend de la fin du second conflit mondial aux années 60 est particulièrement riche et exemplaire: elle montre la prodigieuse créativité de la France et de l'Europe à ce moment et témoigne de l'émergence de l'art nord– et sud-américain. Les courants qui se manifestent en France sont multiples, de la figuration angoissée de Germaine Richier et d'Alberto Giacometti, à l'abstraction sensible de Roger Bissière, de Vieira da Silva et du sculpteur Etienne Hajdu, de la volonté de créer un art sans référence de Pierre Soulages et de Hans Hartung au retour de la figuration que proclame la peinture de Nicolas de Staël, et dont rend compte avec éclat ce tableau de la période sicilienne.

Les tendances abstraites constructives trouvent de leur côté un souffle nouveau qui s'affirme d'abord en Suisse avec l'art concret de Max Bill, Camille Graeser et Richard P. Lohse, puis en France avec les participants au Salon des Réalités nouvelles et les propositions novatrices d'Aurelie Nemours et de François Morellet. Emmenés par Arden Quin, qui s'installe à Paris, les artistes sud-américains, tellement marqués par l'art européen, se manifestent dans cette voie qu'ils vont enrichir à leur façon. La peinture abstraite américaine et canadienne est représentée de façon forte et originale à Grenoble, d'une part avec Ellsworth Kelly, Leon Polk Smith, Guido Molinari, ainsi que Kenneth Noland, de l'autre avec Morris Louis, Sam Francis, Joan Mitchell. Les nouvelles tendances qui vont aussi marquer l'époque suivante sont déjà présentes d'un côté avec les œuvres de Jean Tinguely, César, Martial Raysse, tandis que Frank Stella, Tom Wesselman et Edward Kienholz constituent des témoignages de la création outre-atlantique.

Nicolas de Staël
Germaine Richier
Asger Jorn
Alberto Giacometti
Balthus
Étienne-Martin
Étienne Hajdu
Vera Pagava
Maria-Elena Vieira Da Silva
Jean Atlan
Roger Bissière
Jean Dubuffet
Pierre Soulages
Hans Hartung
Bram Van Velde
Robert Müller
Servanes
Félix Del Marle
Jean Gorin
Carmelo Arden Quin
Volf Roitman
Richard Paul Lohse
Max Bill
Camille Graeser
Jean Dewasne
Victor Vasarely
Berto Lardera
Aurelie Nemours
Olle Baertling
Émile Gilioli
François Morellet
Véra et François Molnar
Peter Roehr

André Heurtaux
Gottfried Honegger
Jan J. Schoonhoven
Leon Polk Smith
César
Richard Stankiewicz
Morris Louis
Eduardo Chillida
Olivier Debré
Mark Tobey
Sam Francis
Henri Michaux
Cy Twombly
Joan Mitchell
Pierrette Bloch
Louise Nevelson
Jean Tinguely
Agam
Ellsworth Kelly
Guido Molinari
Emmanuel
Julije Knifer
Frank Stella
Kenneth Noland
Konrad Klapheck
Peter Stämpfli
Gilles Aillaud
Hervé Télémaque
Tom Wesselmann
Martial Raysse
Edward Kienholz

renouveau

Avec ses formes déchiquetées
et enserrées dans un réseau de
fils, sa figuration stylisée, sa
silhouette torturée, «La Fourmi»
de Germaine Richier s'impose de
façon magistrale dans l'espace
par la disposition de ses volumes
et son écriture: elle peut aussi
se voir comme une allégorie de
la condition humaine.

Germaine Richier Grans, 1902 - Montpellier, 1959 · **La Fourmi** 1953 · Bronze · 99 x 88 x 66 cm · Acquis en 1997

Pour Asger Jorn, qui a fondé le mouvement Cobra en 1948, «un tableau n'est pas une construction de couleurs et de lignes, mais un animal, une nuit, un cri, un être humain ou tout cela à la fois». Les motifs privilégiés de Cobra prennent leur source dans l'art primitif, le dessin d'enfant et les arts populaires scandinaves. «La Peur», de 1950, appartient à cette catégorie d'œuvres où les couleurs sombres et les formes ramassées reflètent la menace et l'effroi, traduits au moyen d'une facture hâtive et désordonnée.

Asger Jorn Vejrum, Danemark, 1914 - Aarhus, Danemark, 1973 · **La Peur** 1950 · Huile sur toile · 58,7 x 84,5 cm · Acquis en 1980

Cette sculpture prend pour sujet un dispositif d'objets constitué d'un tabouret haut tel qu'on en rencontre dans les ateliers d'artistes, sur lequel est posée une vitrine cubique – une cage – enfermant un buste et une figurine d'échelles différentes, œuvres à l'intérieur de l'œuvre. Longtemps après les assemblages dadaïstes et surréalistes, l'emploi de la technique traditionnelle du bronze et le traitement des formes esquissées dans une recherche inachevée donnent son sens à cette sculpture-objet. Mise en scène du regard que l'homme et l'artiste portent sur le monde pour tenter d'en percevoir le sens, «La Cage» est aussi, par l'impossibilité d'y parvenir, une métaphore de l'enfermement et de l'incarcération de l'individu.

Alberto Giacometti Stampa, Suisse, 1901 - Coire, Suisse, 1966 · **La Cage** 1950 · Bronze, tirage 5/6. · 170 x 34 x 32 cm · Acquis en 1952

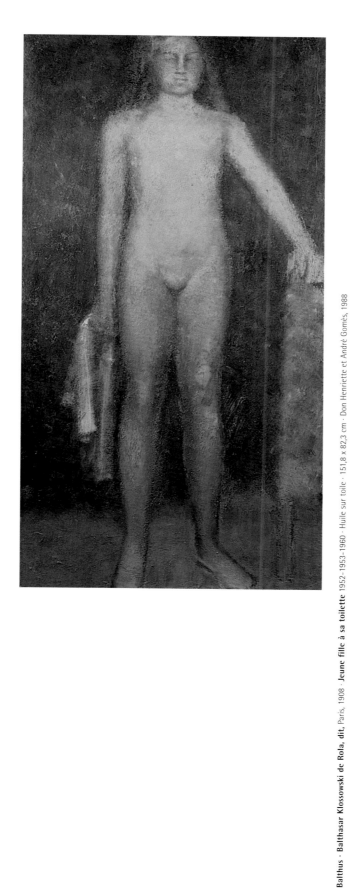

Ce tableau est exemplaire du goût développé par Balthus dans de nombreuses œuvres depuis 1940 pour ce que l'on a appelé l'«érotisme intimiste». Une jeune fille y est montrée nue dans une lumière rougeoyante de crépuscule. Les verticales de sa silhouette massive vue en position frontale occupent toute la hauteur du tableau et sont reprises en écho par la forme du meuble à droite. Dans cette composition dépouillée, aucune anecdote ne détourne du modèle au visage fermé. La technique des aplats mats et grumeleux exalte le hiératisme de cette figure pariétale.

Balthus · **Balthasar Klossowski de Rola, dit,** Paris, 1908 · **Jeune fille à sa toilette** 1952-1953-1960 · Huile sur toile · 151,8 x 82,3 cm · Don Henriette et André Gomès, 1988

Étienne-Martin Loriol-sur-Drôme, 1913 · **Le Collier de la nuit** 1985 · Plâtre polychrome, tapis de coco, cordes et grillages tressés · 220 x 165 x 70 cm · Acquis en 1993

«Le Collier de la nuit» appartient
au cycle des «Demeures»
commencé en 1954 par Etienne-
Martin. Les matériaux qui le
constituent et la forme de
l'ensemble font de cette
sculpture une sorte d'habit de
protection, de couverture
enveloppante, de deuxième
peau, à la fois maison, mère et
armure. Par ses matériaux divers
(plâtre, tapis, cordes, grillages,
miroirs, peinture, etc.) et leurs
couleurs, l'œuvre se situe entre
le vêtement de cérémonie et le
totem. L'installation dans
l'espace, qui la définit comme
une sculpture en ronde bosse,
engendre une lecture d'une
grande complexité et amplifie le
caractère énigmatique et
magique de sa composition.

Étienne Hajdu Turda, Roumanie, 1907 - Bagneux, 1996 · **Le Coq, la poule et le poussin** 1953 · Marbre · 68,2 x 65, 9 x 40,3 cm · Acquis en 1988

Vera Pagava Tiflis, Géorgie, 1907 - Paris, 1987 · **Notre-Dame** 1978 · Huile sur toile · 146 x 114 cm · Don de l'artiste et de la galerie Darial, 1990

Composée de trois figurines bifaces de taille inégale fixées sur un socle par des crochets, cette œuvre redéfinit l'art de la ronde bosse d'une manière bien particulière: ses éléments se rejoignent dans le prolongement de leur position, créant ainsi l'illusion d'une troisième dimension alors même que leur aspect plat et lisse les apparente au relief. Hajdu se sert de l'abstraction des formes signifiées par quelques allusions: ici l'échancré de la crête du coq, le pointu du bec de la poule, la rondeur du poussin. La lumière, dont la conduite est assurée en surface, révèle les finesses du modelé; la minceur de la plaque de marbre permet à l'artiste de souligner aussi l'acuité et la précision des contours. A ces caractéristiques si remarquables qu'il avait pu observer dans la statuaire cycladique, il ajoute enfin l'art de révéler le volume lorsque la lumière en traverse l'épaisseur dans ses parties les plus fines.

Peint en 1978, le tableau intitulé
«Notre-Dame» traduit l'émotion
ressentie par Vera Pagava devant
des monuments sacrés.
La composition très simple de
«Notre-Dame» présente dans sa
partie inférieure un trapèze jaune
pâle, nettement délimité sur un
fond gris foncé. La couleur posée
en aplats et la matière lisse et
peu épaisse laissent apparaître le
grain de la toile. La sobriété
de la manière impose le silence
et fait de cette œuvre une
composition hautement
méditative.

Maria-Elena Vieira Da Silva Lisbonne, Portugal, 1908 · Paris, 1992 · **Les Tours** 1953 · Huile sur toile · 162 x 130,3 cm · Acquis en 1956

Les tours des gratte-ciel ont
toujours fasciné Vieira Da Silva.
Le choix des couleurs — le jaune,
le bleu et le blanc — indique
une vue nocturne, prise en
contre-plongée, laissant
apparaître le caractère
merveilleux de ces architectures
cristallines. La composition se
présente comme une grille de
verticales et d'horizontales
discontinues légèrement
resserrée à la partie supérieure
pour traduire un effet
de perspective. Bien qu'inspirée
par le spectacle de la réalité,
l'image formée est une
recréation abstraite.

Avec sa composition étagée en hauteur et bordée par une marge, ses couleurs retenues, ses formes sommaires, soutenues par un réseau de lignes, son espace à deux dimensions et une technique qui évoque la peinture à fresque et l'art du sgrafitto, ce tableau de Bissière, tout à fait caractéristique de la tendance du «paysagisme abstrait» des années 50, privilégie la traduction de la sensation plutôt que la représentation de la réalité.

Ce tableau est organisé avec des formes aux couleurs chaudes cernées par un graphisme noir et épais, dont la matité n'est pas sans évoquer la peinture pariétale. La trame visible de la toile ramène, par sa présence, à l'aspect concret de la création. Les formes puisées dans le monde végétal ou animal, exécutées dans une facture fruste, composent un univers imprégné de pulsions rituelles et exaltant une poésie primitive.

Jean **Atlan** Constantine, Algérie, 1913 - Paris, 1960 · **Villiers** 1959 · Huile sur toile · 130,2 x 81 cm · Acquis en 1964

Roger **Bissière** Villeréal, 1886 - Boissière, 1964 · **Composition grise et rouge** 1952 · Huile sur toile · 131 x 50 cm · Acquis en 1955

Dans cette œuvre au graphisme
apparemment spontané et hâtif,
sont juxtaposées quatre surfaces
identiques sur lesquelles
s'enchaînent les formes. La
densité égale des lignes et la
distribution précise de la couleur
sont données par une répétition
compulsive de manière à occuper
la surface sans qu'aucun motif ne
se manifeste.

Jean Dubuffet Le Havre, 1901 - Paris, 1985 · **Mire G 137 (Kowloon)** 1983 · Acrylique sur papier marouflé sur toile · 134 x 200 cm · Acquis en 1984

La taille de ce tableau et le rapport des deux dimensions qui définissent son format sont les premiers éléments de son langage formel. Ils créent une découpe de l'espace dont la puissance et l'harmonie sont évidentes. Les vastes taches noires qui envahissent le champ de la toile s'impriment comme une pulsation et désignent le blanc comme lumière. Pierre Soulages présente ses tableaux comme des réalités plastiques, rétives aux interprétations littéraires: «Plus le rythme est fort et moins l'image, je veux dire la tentative d'association figurative, est possible. Si ma peinture ne rencontre pas l'anecdote figurative, elle le doit, je crois, à l'importance qui est donnée au rythme, à ce battement des formes dans l'espace, à cette découpe de l'espace par le temps.» Les moyens d'expression qu'il met en œuvre associent l'impulsion à la retenue, le mouvement à l'immobilité, la profusion au dépouillement.

Ces éléments figurent déjà dans le tableau de 1949, où l'échafaudage composé de larges bandes noires horizontales et obliques est contrebuté par l'axe central de la construction. Cette composition renforce l'aspect frontal de la peinture et lui confère son équilibre. Le jeu du clair-obscur est introduit par quelques interstices colorés à base de blanc qui traversent comme des rais de lumière cette structure de couleurs foncées. Celles-ci mettent en valeur les rythmes, la texture et les tensions de la composition. Le noir, choisi pour son intensité, deviendra la couleur de prédilection de l'artiste. A l'aide de larges brosses, de raclettes et de spatules, la matière maîtrisée devient forme, avant d'atteindre sa complète autonomie dans les œuvres récentes.

Le polyptyque de 1985 est tout entier dévolu à la couleur noire. La peinture posée en couches épaisses au moyen d'une brosse large laisse apparaître toutes les stries dont est composée sa surface. Les quatre panneaux qui constituent ce tableau sont rythmés par les amples mouvements de la composition dont les directions sont entrecroisées. L'animation de la surface, qui va jusqu'à un certain relief, permet à la peinture de saisir la lumière qu'elle reçoit et de la renvoyer toujours différente selon son intensité et son orientation dans les heures de la journée.

Pierre Soulages Rodez, 1919 · Peinture, 222 x 628 cm, avril 1985 1985 · Huile sur toile · 222 x 628 cm · Dépôt du fonds national d'Art contemporain, 1993

Pierre Soulages Rodez, 1919 · **Peinture, 145 x 97 cm, 1949** 1949 · Huile sur toile · 145 x 97 cm · Don de l'artiste, 1949

Pierre Soulages Rodez, 1919 · **Peinture, 220 x 365 cm, 28 novembre 1968** 1968 · Huile sur toile · 220 x 365 cm · Dépôt privé, 1993

La tache est l'un des moyens
d'expression de Hartung. Ce
tableau montre en effet des
taches et un jeu d'écriture
spontanée sur un fond où le
passage de deux couleurs
— un gris clair recouvrant
incomplètement un noir —
définit un espace libre. Une
tache jaune lumineuse étalée
avec autorité dans le sens
vertical et des tirets parallèles
horizontaux qui en sont le
contrepoint construisent et
solidifient cet espace. Sur cette
base, le graphisme noir
développe ses arabesques et ses
stries en un tracé aérien, où
l'improvisation reste maîtrisée
dans une forme très
caractéristique de l'abstraction
lyrique, dont Hartung a été l'un
des principaux initiateurs.

Hans Hartung Leipzig, Allemagne, 1904 - Antibes, 1989 · **Composition** 1949 · Huile sur toile · 116,3 x 88,8 cm · Don de l'artiste, 1949

Les éléments de l'art de Bram Van Velde, qui trouve son origine dans l'expressionnisme, se sont mis en place au début des années 50. Ses compositions, souvent de grand format, tantôt peintes à l'huile, tantôt à la gouache, nées toujours de façon hâtive, disposent dans un espace à deux dimensions des formes incertaines, imbriquées les unes dans les autres et qui ne représentent rien. Sans autre explication, elles traduisent un sentiment de négligé, d'abandon, qui peut déboucher sur l'effroi et permet de comprendre l'intérêt suscité par cet art auprès des écrivains.

Bram Van Velde Zoeterwoude, Pays-Bas, 1895 · Grimaud, 1981 · **Grande gouache** 1978 · Gouache et huile sur papier · 150 x 112 cm · Acquis en 1979

Robert Müller Zurich, Suisse, 1920 · **Refuge** 1968-1970 · Marbre · 56 x 169 x 92,5 cm · Dépôt du fonds national d'Art contemporain, 1987

Servanes Toulon, 1918 · **Composition** 1950 · Métal, bois et Plexiglas · 38 x 31 x 28,5 cm · Donation de la fondation Abstraction et Carré, 1987

190 191

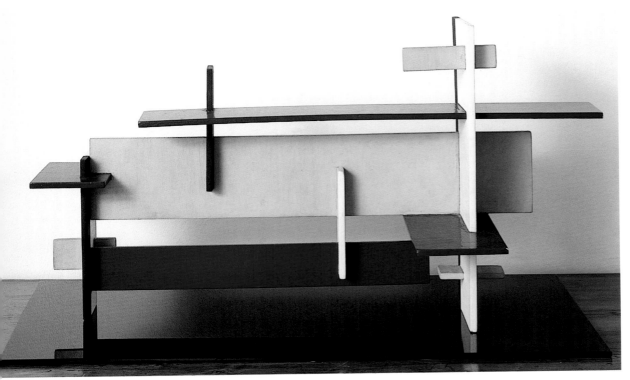

Félix Del Marle Pont-sur-Sambre, 1889 - Bécon-les-Bruyères, 1952 · **Plans, espaces, couleurs** 1951 · Huile sur bois · 43,5 x 79 x 41 cm · Acquis en 1992

Jean Gorin s'est lui-même
qualifié de «peintre architecte».
Cette étude montre bien
comment il a voulu appliquer à
l'architecture et à l'espace
intérieur les conceptions
plastiques qu'il a élaborées à
partir de la peinture et en
évoluant vers le relief. Dans une
architecture nouvelle, la
peinture aurait disparu au profit
de plans de couleurs, qui se
confondent avec les divisions de
l'espace, le mobilier et les
accessoires étant eux-mêmes
intégrés à cette œuvre d'art
total.

Ces deux constructions de
Servanes et de Del Marle
appartiennent à l'époque du
Groupe Espace, qui rassemblait
des artistes cherchant à réaliser
la synthèse des arts, c'est-à-dire
l'union de la peinture et de
la sculpture à l'architecture.
La conception de ces deux
œuvres est faite à partir de leurs
réflexions sur la peinture: celles-
ci passent par le relief pour
aboutir, avec ces formes et ces
couleurs disposées dans les
trois dimensions, à des projets
d'architecture expérimentale.

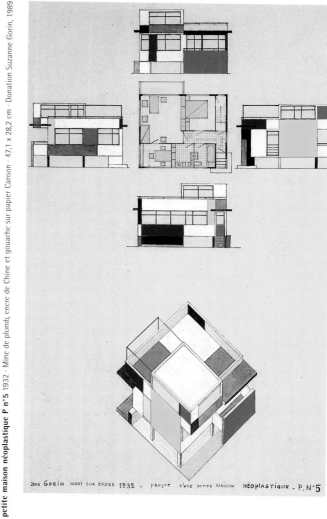

Jean Gorin Saint-Émilien-de-Blain, 1899 - Niort, 1981 · **Projet d'une petite maison néoplastique P n°5** 1932 · Mine de plomb, encre de Chine et gouache sur papier Canson · 47,1 x 28,2 cm · Donation Suzanne Gorin, 1989

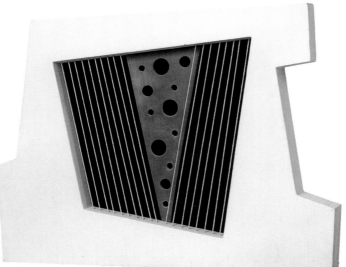

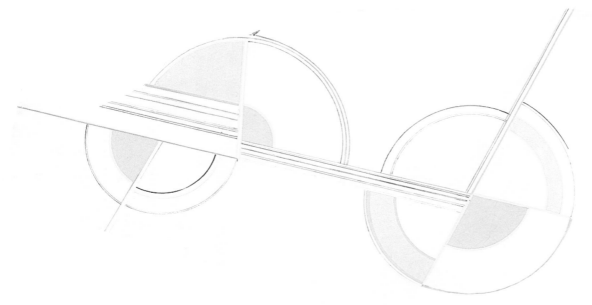

Carmelo Arden Quin Rivera, Urugay, 1913 · **Instrument plastique** 1945. Bois et corde · 45,5 x 61 cm · Acquis en 1992

Volf Roitman Montevideo, Urugay, 1930 · **Pouvoir** 1953 · Huile sur bois · 52 x 74 x 2,5 cm · Acquis en 1997

«Instrument plastique», daté de 1945, appartient à la première période d'Arden Quin, le créateur du mouvement Madi, qui comprend des reliefs et des peintures d'une géométrie assez libre et colorée. Dans ce bas-relief, le support est constitué d'un quadrilatère irrégulier découpé en creux. Au fond de cette cavité se trouve un triangle en bois percé de différents cercles et devant lequel ont été tendus des fils blancs. La découpe irrégulière du support, les différents plans dans lesquels se déroule la composition, le jeu des contrastes de formes (les droites par rapport aux cercles, les lignes par rapport aux plans), la variété des matériaux (bois peint, fils de coton) donnent à cette œuvre son aspect novateur, grâce à la forme découpée du support notamment, et son ancrage dans la tradition cubiste et constructiviste. Le tableau de Roitman, avec sa forme découpée et sa composition géométrique, appartient aussi à ce mouvement.

Dès 1945, Kosice a créé des sculptures avec des éléments amovibles et, comme les autres artistes du mouvement Madi, il devint l'un des précurseurs des tableaux en forme et des œuvres en mouvement. Il faut le créditer d'une «invention» supplémentaire: celle de l'utilisation de la lumière artificielle, sans doute en 1946 ou peu après. Dans ce relief, les lignes, qui dessinent des figures géométriques et donnent sa forme irrégulière au support, sont obtenues au moyen de tubes d'argon.

Gyula Kosice Kosice, République tchèque, 1924 · **Madi néon n°3** 1946 · Bois et néon · 56 x 41 x 18 cm · Acquis en 1992

Richard P. Lohse a voulu justifier toute sa création par un système rationnel. Il adopte pour cela un parti de composition fondé uniquement sur les horizontales et les verticales. Les formes employées — lignes droites, carrés et leurs multiples, neutres et anonymes — sont disposées dans un espace plan: elles structurent la totalité du champ pictural sans créer de motif. Les couleurs primaires et complémentaires sont choisies selon un principe strict, sans que la sensibilité intervienne, et sont posées en aplats.

La composition, entièrement programmée, permet de quantifier les couleurs et les formes. Ainsi le tableau n'est-il que la réalisation visuelle du système énoncé par le titre.

Richard Paul Lohse Zurich, Suisse, 1902 - 1988 · **Six rangées de couleurs verticales systématiques** 1950-1972 · Acrylique sur toile · 150 x 150 cm · Acquis en 1987

Max Bill a voulu substituer à l'imagination de l'artiste «la conception mathématique». Il utilise ici un format carré dans lequel sont répartis 12 rectangles de couleur noire, bleue, jaune et rouge, autour d'un carré blanc central. La facture est volontairement neutre. Les couleurs jumelées, le bleu et le rouge, déterminent une direction verticale, tandis que le jaune et le noir indiquent les horizontales. Un carré formé d'une portion de bande rouge et bleue est déplacé en bas à gauche et se trouve permuté avec une portion identique de la bande horizontale jaune et noire. Cette rupture crée un rythme et introduit la notion de mouvement autour du carré blanc central.

Max Bill Winterthour, Suisse, 1908 - Berlin, Allemagne, 1994 · **Couleurs jumelées horizontales et verticales I** 1969 · Huile sur toile · 120,7 x 120,7 cm · Acquis en 1972

Avec Max Bill et Richard P. Lohse, Camille Graeser est l'autre grand acteur de l'art concret zurichois. Les éléments du tableau, des carrés en nombre égal dans chacune des deux parties de la composition, sont distribués dans une trame orthogonale et, pour une même couleur, reliés par des bandes selon des trajectoires obliques jamais croisées.
Il s'agit de créer un équilibre rythmique qui appelle l'analogie avec la musique, comme le suggère le titre du tableau. Avec sa facture neutre, cette composition se distingue par le rythme créé par la trajectoire des obliques, l'éclat des couleurs et son parti horizontal.

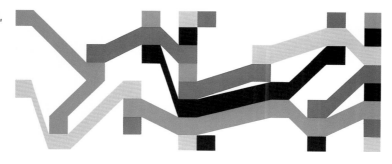

Camille Graeser Carouge, Suisse, 1892 - Zurich, Suisse, 1980 · **Kolor Sinfonik** 1947-1951 · Huile sur toile · 48,3 x 119, 3 cm · Acquis en 1987

Une série de couleurs choisie
dans une gamme austère et
formant un contraste de valeurs
en interaction avec des formes
géométriques simples, le tout
composé de telle sorte que l'on
puisse parler de forme-couleur,
tel est l'enjeu de cette peinture
qui témoigne bien de
l'originalité de l'art de Vasarely.
«Zante», qui appartient à la
période «Crystal», dont
l'inspiration vient du village de
Gordes, s'inscrit ainsi dans une
démarche continue et
rigoureuse pour élaborer un art
abstrait de tendance construite.

Le volume est ici construit par
l'assemblage des plans: un
contraste rigoureux de
directions verticale et
horizontale établit des rapports
tendus et subtils entre le vide de
ces plans largement découpés et
le plein des surfaces opaques et
lourdes, la courbe des découpes
et l'orthogonalité des
assemblages, entre le lisse et le
rugueux enfin. Par-delà ce jeu
formel très abstrait, Lardera a
voulu que l'embrassement du
vide, suggéré par les lignes
courbes ascendantes, et le
travail brutal du fer, perceptible
dans les découpes et les
soudures, rendent manifeste le
sentiment de drame indiqué
par le titre.

196 197

Victor Vasarely Pécs, Hongrie, 1908 - Paris, 1997 · **Zante** 1949 · Huile sur isorel · 130 x 97 cm · Acquis en 1972

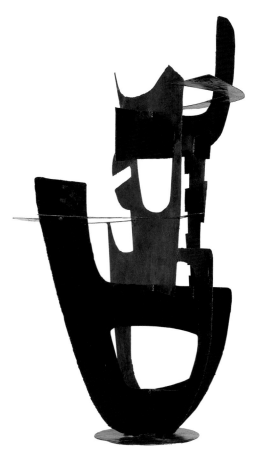

Berto Lardera La Spezia, Italie, 1911 - Paris, 1989 · Occasion dramatique II 1952 · Tôle découpée, soudée et peinte · 210 x 117 x 115,8 cm · Acquis en 1991

L'échelle est monumentale pour indiquer que c'est avec l'architecture et l'espace que la peinture doit composer. Dewasne a voulu, dans les années 50, avec le langage qu'il avait créé — formes géométriques, espace plat, couleurs vives, facture industrielle — retrouver l'esprit de l'art public. Sa peinture est une décoration, au sens que lui ont donné Véronèse et Tiepolo. «Apothéose de Marat» contient en outre par son titre tout un programme.

Jean Dewasne Lille, 1921 · **Apothéose de Marat** 1951 · Peinture glycérophtalique sur bois · 250 x 833,5 cm · Dépôt du musée national d'Art moderne, 1982

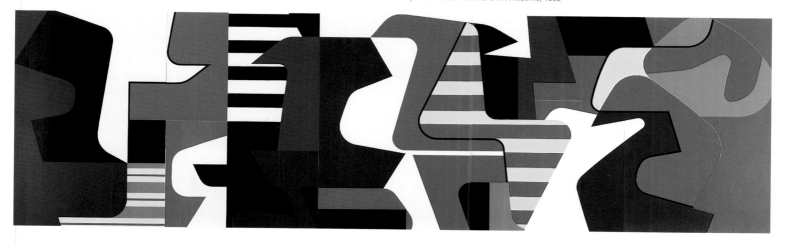

Aurelie Nemours Paris, 1910 · **Navire Argo** 1957 · Huile sur toile · 116 x 81 cm · Acquis en 1990

De format rectangulaire en hauteur, le tableau «Navire Argo» d'Aurelie Nemours est divisé en quatre registres colorés inégaux, qui sont occupés par huit formes géométriques. Les lignes utilisées sont exclusivement verticales ou horizontales et créent un réseau d'angles droits. Dans cette composition à l'espace strictement bidimensionnel, le peintre s'emploie à trouver un équilibre entre les formes, les directions et les couleurs: le rythme créé vient de ce rapport entre les éléments choisis, leurs proportions et leur disposition dans l'espace peint. L'ensemble témoigne d'une parfaite maîtrise dans l'exécution: la facture, avec sa touche croisée mais sans effet, reste originale. Les couleurs, aux teintes assourdies, en aplat et sans modulation, sont employées en nombre restreint, associées ici au noir et blanc. Alliées à la rigueur de la forme, elles donnent une impression d'harmonie et d'équilibre.

Aurelie Nemours Paris, 1910 · **Demeure n°16** 1958 · Pastel sur papier · 73,2 x 53 cm · Acquis en 1992

Aurelie Nemours a beaucoup
pratiqué l'art du pastel dans les
années 50. «Demeure» en est un
exemple, avec sa composition
fondée sur le signe + et son
chromatisme réduit au seul
contraste du noir et du blanc.
Avec cette technique, elle a
travaillé aussi d'après le motif
pour étudier des arrangements
de couleurs et de formes qui
traduisent des rythmes comme
le montre ce pastel exécuté à
Haïti.

Aurelie Nemours Paris, 1910 · **Sans titre** Pastel sur papier · 24,8 x 15,7 cm · Acquis en 1992

Format original, grands aplats de couleurs vives, chromatisme inédit, facture anonyme, composition fondée sur un jeu de diagonales, strict respect du plan, tel est l'art de Baertling, qui a recherché tout particulièrement à exprimer le mouvement dans sa peinture et la forme ouverte, c'est-à-dire l'extension de la composition au-delà des limites de son support.

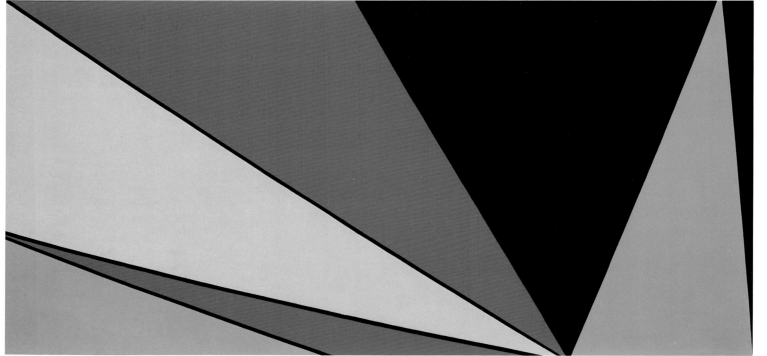

Olle Baertling Halmstad, Suède, 1911 - Stockholm, Suède, 1981 · **Odirakiri** 1957 · Huile sur toile · 97,6 x 195,3 cm · Dépôt privé, 1993

Exécuté dans une matière qu'ont affectionnée Brancusi et Arp, le bronze doré et poli, cette sculpture intitulée «Soleil levant» s'impose par son aspect à la fois puissant et élémentaire. Il s'agit en effet d'un disque épais aux bords arrondis, posé au sol et dans lequel se reflète l'espace. Avec cette forme pure et l'aspect doré, lisse et réfléchissant de sa surface, Gilioli, un sculpteur abstrait, mais dont l'inspiration puise parfois sa source dans la réalité, a cherché à signifier une forme d'absolu.

Émile Gilioli Paris, 1911 - 1977 · **Soleil levant** 1972 · Bronze poli, 1/6 · 24 cm · ø 86,5 cm · Acquis en 1978

François Morellet Cholet, 1926 · **Répartition aléatoire de triangles suivant les chiffres pairs et impairs d'un annuaire téléphonique** 1958 · Huile sur contre-plaqué · 80 x 80 x 3 cm · Acquis en 1986

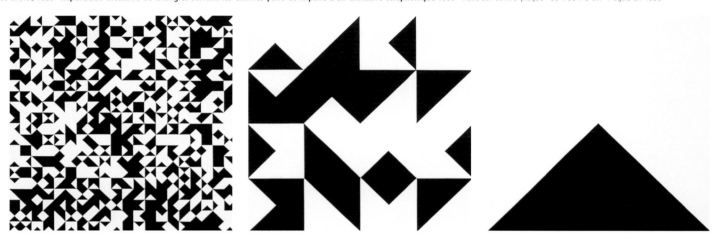

Ce tableau en trois parties distinctes est l'exposition visuelle de son titre. C'est en effet le hasard d'une suite de chiffres, donnés par une page d'annuaire de téléphone, qui dicte la répartition de triangles dans une trame régulière de carrés. L'image obtenue par ce système ne doit ainsi rien à la sensibilité de son auteur qui ne peut que constater, dans le premier panneau, qu'il a créé une image dynamique et vibrante par la répétition fréquente de formes petites, triangulaires, en contraste optique avec le fond. Sur le panneau central, il a reproduit en l'agrandissant une partie de sa composition, le carré en haut à gauche. Enfin, le même processus fait reprendre un triangle, en l'agrandissant à l'échelle du troisième panneau. Dans cette utilisation du hasard, menée à terme avec rigueur et élégance, François Morellet cherche à conduire une réflexion sur le jugement esthétique, en montrant qu'il dépend de notre sensibilité.

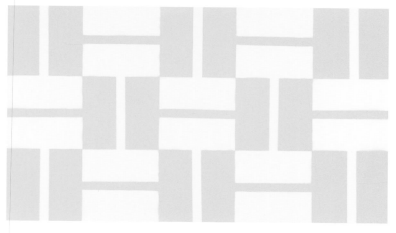

François Morellet Cholet, 1926 · **Peinture** 1952 · Laque glycérophtalique sur bois · 60 x 100 cm · Acquis en 1993

Dans «Peinture» de 1952, l'artiste organise la juxtaposition de modules dans une structure en damier. Ces carrés modulaires jaunes et blancs, avec, au centre, des traits jaunes et blancs alternativement horizontaux et verticaux, recouvrent la surface du rectangle peint. Cette composition faite de formes élémentaires pose déjà les principes du minimalisme. L'absence d'effet s'allie avec une facture neutre, l'exécution est obtenue au moyen de caches, pour éliminer toute trace d'intervention manuelle. La couleur est répartie uniformément sans trace de matière.

«Tirets 0°-90°», qui est composé de signes + et -, est en réalité obtenu par le recouvrement de deux trames de tirets régulièrement espacés, l'une tracée à l'horizontale, l'autre à la verticale. L'ensemble recouvre tout le champ pictural et paraît le déborder. L'effet obtenu à partir de cette mise en œuvre simple est très riche visuellement.

François Morellet Cholet, 1926 · **Tirets 0°-90°** · 1960 · Huile sur toile · 140,3 x 140,3 x 2,2 cm · Donation de la fondation Abstraction et Carré, 1987

Véra Molnar, avec son mari François, a poussé très loin dans les années 50 les recherches sur la composition, la réduction du langage plastique, l'établissement des structures et la perception visuelle. Réduit au contraste absolu du noir et du blanc, ce tableau, avec sa répartition des formes symétriques, s'impose par l'évidence de son image, mais aussi par l'effet maximum qu'il produit, les blancs devenant lumineux.

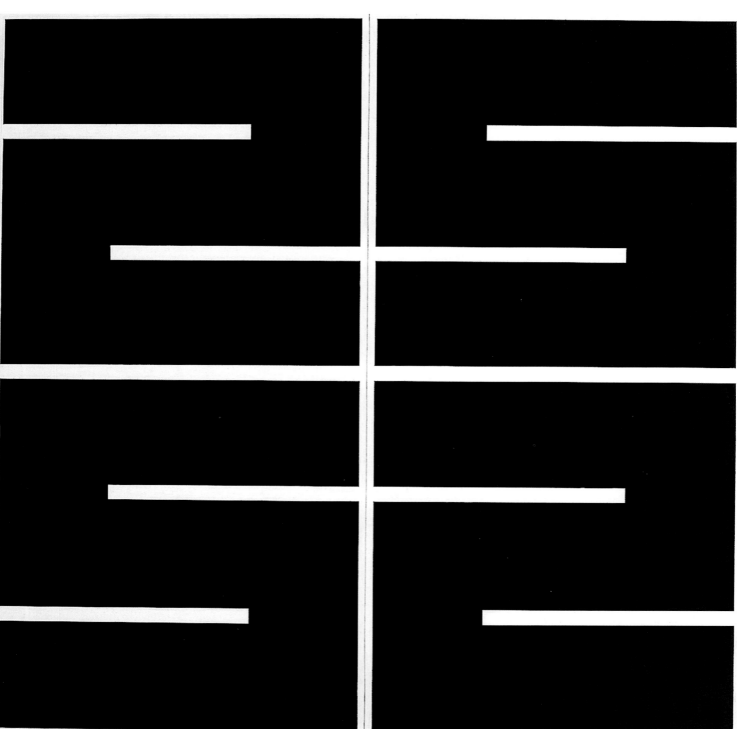

Véra et François Molnar Budapest, Hongrie, 1924 et Szentes, Hongrie, 1922 - Paris, 1993 · **Effet esthétique de l'inversion des fonctions par la fluctuation de l'attention** 1960 · Huile sur panneau sur aggloméré · 150 x 150 cm · Don Véra Molnar, 1996

Peter Roehr Lauenburg, Allemagne, 1944 - Francfort, Allemagne,1968 · Dessin TY-102 1965 · Collage · 6,4 x 14 cm · Acquis en 1990

De 1964 à la fin de sa vie, Peter Roehr a privilégié dans son œuvre le collage, en utilisant comme ici une image banale, imprimée, découpée dans une revue et répétée en série 28 fois. Peter Roehr a aussi utilisé des éléments réels, tels que des étiquettes ou des ardoises d'écolier, dont la répétition offre une structure régulière, neutre et abstraite.

André Heurtaux Paris, 1898 - 1983 · **Composition n°115** 1968-1971 · Huile sur bois · 145 x 215 cm · Donation de la fondation Abstraction et Carré, 1987

Cette peinture d'André Heurtaux est composée à partir d'un même motif répété trois fois à une taille différente: dans un rectangle vertical est inscrit un plan rectangulaire en haut à droite de couleur plus foncée, une ligne oblique de couleur sombre venant oblitérer les deux plans dans l'angle inférieur droit. Tel que, ce tableau qui se présente comme un châssis découpé, est bien révélateur de la qualité de la facture de l'artiste, de la subtilité de sa gamme colorée et de la force de sa composition, qui joue sur la simplicité de formes élémentaires, répétées ici dans un crescendo musical.

C'est à partir de 1960 que Jan Schoonhoven a trouvé son style en créant des reliefs géométriques utilisant des matériaux pauvres, exécutés à la main en carton ondulé, en papier gaufré ou mâché. Reliefs simples, épurés, blancs, qui jouent sur la répétition du carré ou du rectangle, travaillés en creux et constituant une trame régulière, qui ne privilégie aucun motif et couvre toute la surface du support. La lumière joue un rôle important dans le travail de Schoonhoven: c'est elle qui crée par le jeu du déplacement des ombres un rythme, qui accuse le caractère répétitif des formes blanches et anime la surface de l'œuvre.

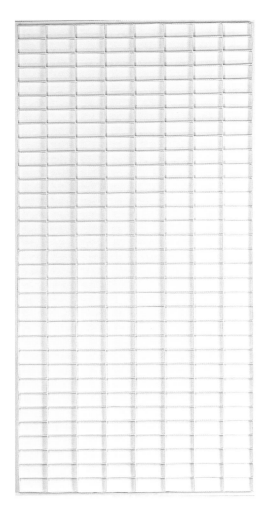

Jan J. Schoonhoven Delft, Pays-Bas, 1914-1994 · **R 71-13** 1971 · Carton, papier et latex sur bois · 204 x 102 x 7,5 cm · Acquis en 1986

Gottfried Honegger Zurich, Suisse, 1917 · **P 907** 1985 · Acrylique sur carton marouflé sur toile · 100 x 300 cm · Donation de la fondation Abstraction et Carré, 1987

Gottfried Honegger a développé, en marge de l'art concret suisse et de l'abstraction américaine, une œuvre originale, en explorant les rapports entre le déterminisme et le hasard, associés à l'expression de la sensibilité dans la facture. Ce tableau-relief en est un exemple. Si, à d'autres moments, l'élaboration de la composition laisse le hasard interférer avec le système qui la régit, il n'intervient pas ici. Pour cette composition, le point de départ est un carré qui va permettre la réalisation d'un programme, l'emplacement de chaque forme dans sa rangée et à sa hauteur étant justifié par le calcul. Ces divisions horizontales et verticales engendrent des rythmes.

Leon Polk Smith Chickasha, États-Unis, 1906 - New York, États-Unis, 1996 · **Anitou n°3** 1958 · Huile sur toile · ø144 cm · Acquis en 1992

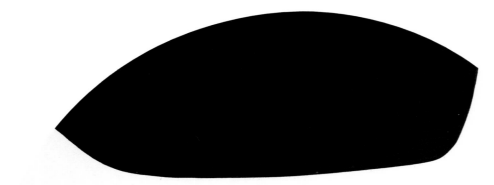
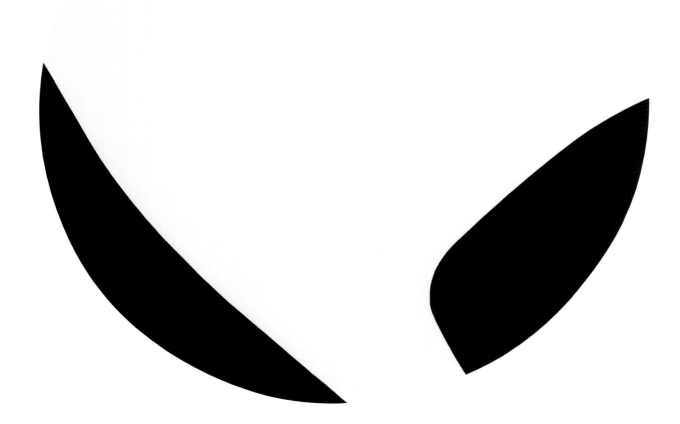

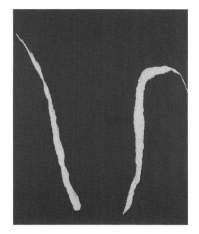

Leon Polk Smith Chickasha, États-Unis, 1906 - New York, États-Unis, 1996 · **Sans titre** 1965 · Gouache sur papier à grains façon toile, avec parties déchirées, fixé sous Plexiglas · 35,5 x 28 cm · Don de l'artiste, 1989

Leon Polk Smith joua dans l'évolution de la peinture américaine après 1945 un grand rôle: il est en effet le principal acteur du hard edge, tendance de la nouvelle abstraction opposée à l'expressionnisme abstrait. Sa réflexion portant sur l'interchangeabilité de la forme et de l'espace du tableau l'amène à utiliser la ligne courbe et à privilégier la forme du tondo. Il a recours ici à une ligne indéterminée, en écho avec le format du tableau, qui départage deux zones opposées et pourtant intimement liées comme dans un puzzle. La peinture appliquée de façon neutre, ainsi que les contours précis et rigoureux des formes assurent à la surface sa planéité. Dans cet espace courbe et en utilisant le contraste absolu du noir et blanc, l'artiste joue des rapports entre le fond et la forme, le positif et le négatif.

Un contraste aussi intense est obtenu dans le tableau «Correspondence orange-blue», où le champ pictural de couleur chaude est activé par un élément de couleur froide, dont les contours sont irradiants.

Leon Polk Smith Chickasha, États-Unis, 1906 - New York, États-Unis, 1996 · **Correspondence orange-blue** 1968 · Acrylique sur toile · 219 x 166 cm · Don de l'artiste, 1996

César a travaillé ces cinq «Compressions» à partir de bidons d'huile usagés pour les présenter dans une rangée en un seul ensemble, dans le patio du Musée de Grenoble, pour l'ouverture du bâtiment en 1994. Cette disposition en série renforce l'impression de puissance que dégagent les œuvres appartenant à cette famille, quand elles sont présentées isolées. Matériau dominé, forme debout et espace pris constituent les caractéristiques essentielles de la sculpture de César, qui se manifestent dans ces compressions.

César Marseille, 1921 · Paris, 1998 · **Compressions** 1994 · Cinq éléments de métal compressé à la machine · 166 x 365 x 78 cm · Don de l'artiste, 1994

La sculpture réalisée en 1960
par Stankiewicz est constituée
de morceaux d'acier oxydés
et de fragments de tuyauterie
usagée. L'artiste les a tordus,
pliés, froissés, avant de les
souder au chalumeau. L'emploi
du métal renforce la référence
du monde moderne. L'artiste ne
cherche pas à banaliser ou à
neutraliser ces éléments dont
la plupart restent mobiles et
qui peuvent se transformer en
instruments de percussion; en
les choisissant pour leur qualité
formelle, il affirme, à l'inverse,
leur identité et souligne leur
autonomie. La rouille rend
manifeste leur fonction révolue
et augmente leur qualité
d'objets de rebut. Avec ses
tuyaux, ses tiges et ses plaques
d'acier,cette sculpture intègre les
pleins et les vides et prend
possession de l'espace.

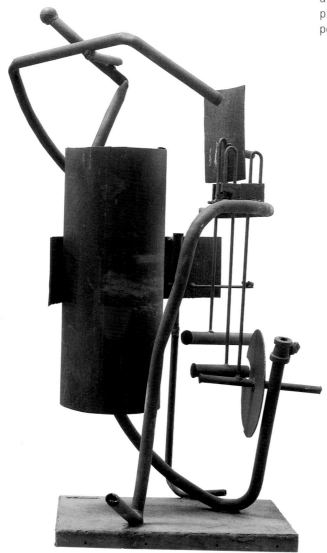

Richard Stankiewicz Philadelphie, 1922 - New-York, 1983 · **Sans titre** 1960 · Acier soudé oxydé · 148 x 73,5 x 80 cm · Acquis en 1990

Morris Louis Baltimore, États-Unis, 1912 - Washington D. C., États-Unis, 1962 · **Delta Iota** 1960 · Acrylique sur toile · 262,3 x 445,8 cm · Donation Marcella Louis Brenner par l'intermédiaire de la fondation franco-américaine, 1999

Morris Louis appartient à la
génération des peintres
américains des années 50 venant
après le mouvement de
l'expressionnisme abstrait. Il a
centré son travail sur la couleur
et son absorption par la toile. Sa
peinture, fortement diluée, est
traitée comme de l'aquarelle,
pour ses effets de transparence et
de légèreté permettant la
superposition apparente de
plusieurs couches. Le support de
la toile n'est pas préparé, afin que
la couleur soit mieux absorbée.
Dans «Delta Iota», des coulures de
peinture en diagonales, partant le
plus souvent des deux bords
verticaux laissent le centre vide,
ce qui affirme la planéité de la
surface et son prolongement au-
delà des limites matérielles du
support. L'artiste a renoncé au
pinceau. Les traces de son
intervention sont réduites au
maximum et laissent deviner le
déroulement d'un processus,
comme on le voit avec «Omega
III», dont les coulures sont
disposées en peigne.

Morris Louis Baltimore, États-Unis, 1912 - Washington D. C., États-Unis, 1962 · **Omega III** 1959-1960 · Acrylique sur toile. 369,5 x 265,5 cm · Donation Marcella Louis Brenner par l'intermédiaire de la fondation franco-américaine, 1999

«Ikaraundi», le «grand tremblement», exécuté en 1957, appartient à une série de sculptures réalisées de 1957 à 1960, avec laquelle Chillida met en place les premiers éléments de son style. A l'origine, l'artiste a utilisé une épaisse plaque de fer forgé qu'il a découpée et recomposée en une structure dynamique et ouverte. Ces éléments sont, d'un point de vue formel, de même nature que ceux qui animent la peinture abstraite de l'époque. Les lignes heurtées relient de petites plates-formes entre elles et suggèrent le tracé linéaire d'intersection de plans, mais dans les trois dimensions de la sculpture. Intéressé par les qualités du matériau, il révèle ici à la fois la solidité, la force et la rudesse qui sont les caractéristiques du métal, auxquelles il associe la légèreté des formes. L'absence de socle exprime aussi la volonté d'entamer un défi avec la pesanteur, de restituer à la sculpture son autonomie.

Cette peinture, dont le titre fait référence au lieu et au moment qui l'ont inspirée, est caractéristique du style d'Olivier Debré à partir de 1963. Le champ très vaste de la toile est peint d'un grand aplat de couleur bleue étendue de façon très fluide: trois trouées irrégulières, presque sur les marges, en creusent la surface et produisent l'illusion d'une troisième dimension. Paysage à mi-chemin entre l'art figuratif et l'art abstrait, «Composition bleue» participe du paysagisme abstrait caractérisé par le lyrisme de la couleur et de la gestualité, dont Olivier Debré est l'un des meilleurs représentants.

214 215

Eduardo **Chillida** San Sebastian, Espagne, 1924 · **Ikaraundi** 1957 · Bronze, tirage 2/3. 37,5 x 153, 5 x 72,5 cm · Acquis en 1968

Olivier Debré Paris, 1920 - Paris, 1999 · **Composition bleue ou Bleu le soir à Royan** 1965 · Huile sur toile · 190 x 195 cm · Acquis en 1968

Converti à une religion orientale, marqué par la philosophie zen qu'il a découverte au Japon, pratiquant l'art du lavis et de la calligraphie, Tobey a illustré très tôt le principe du «all over». Devenu abstrait après 1945, il a conçu une œuvre qui allie l'usage spontané de la tache avec la recherche de rythmes universels dans un espace qui couvre toute la surface et sans qu'apparaisse un motif particulier. Cette attirance pour la calligraphie apparaît bien dans cette œuvre, où sont inextricablement mêlés des réseaux de lignes et de formes.

Le poète Henri Michaux est aussi un peintre à part entière. Il a toujours mené parallèlement ces deux activités créatrices, sa peinture ayant beaucoup à voir avec l'écriture en tant que signe plastique et l'art de la calligraphie. Ce dessin au pinceau et à l'encre de Chine est caractéristique de cette tendance de son art, où la tache noire l'emporte sur le signe écrit et occupe dans sa répétition nerveuse toute la surface.

216 217

Mark Tobey Centerville, États-Unis, 1890 - Bâle, 1976 · **Monotype rose et vert** 1961 · Monotype sur papier · 100 x 52 cm · Acquis en 1965

Henri Michaux Namur, 1899 - Paris, 1984 · **Sans titre** 1966 · Gouache sur bristol · 32,2 x 49,8 cm · Acquis en 1966

Expliquant sa peinture des années 60, Sam Francis déclare considérer «la grande zone centrale (de ses tableaux), non comme un espace vide, mais comme une forme monumentale, définie par des lambeaux de couleurs étroits et déchiquetés sur ses bords». Sa pratique de la peinture apparaît à la fois hédoniste et constructive: il laisse couler dans des limites contrôlées la matière colorée fluide dont l'éclat est avivé par la transparence et qui définit un espace par ses bordures. Une telle pratique s'apparente à la double tradition de la peinture gestuelle de Claude Monet et de «l'action painting» de Jackson Pollock.

Sam Francis San Mateo, États-Unis, 1923 - Santa Monica, États-Unis, 1994 · **From a Coral Cauldron** 1969 · Acrylique sur toile · 200 x 351 cm · Acquis en 1976

Ce collage de Cy Twombly est composé comme un triptyque: il associe un motif naturaliste utilisant une photographie maculée de peinture, avec ce qui peut être considéré comme la transposition de cet élément dans la feuille de papier millimétré se trouvant au centre et le dessin montrant les axes de la composition dans la feuille placée à droite, dans une démarche de type structuraliste. Les graffiti partiellement effacés et incompréhensibles, qui accompagnent ces éléments et qui se trouvent à la place habituelle des légendes ou des numérotations, ajoutent au caractère énigmatique de l'ensemble.

Cy Twombly Lexington, États-Unis, 1928 · **Captive Island** 1974 · Collage · 75 x 106 cm · Acquis en 1975

Joan Mitchell appartient à la seconde génération de l'expressionnisme abstrait. Mais ses tableaux traduisent toujours ses impressions ressenties au contact de la nature. Il s'agit en fait de paysages que l'artiste représente avec les moyens de l'abstraction gestuelle. Rien de désordonné, mais un grand sens de l'effet à obtenir, dont témoignent l'organisation des fonds, l'emploi des couleurs et la facture apparente. La disposition en polyptyque, le format monumental achèvent d'organiser la vision, qui doit beaucoup au Monet des «Nymphéas».

Joan Mitchell Chicago, 1926 - Paris, 1992 · **Quatuor II for Betsy Jolas** 1976 · Quadriptyque · Huile sur toile · 279,4 x 680,7 cm · Dépôt du musée national d'Art moderne, 1995

Jean Tinguely Fribourg, Suisse, 1925 - Paris, 1991 · **Métamorphose V, métamécanique douce** 1956 · Bois, métal et moteur électrique · 55 x 62,2 x 19 cm · Acquis en 1966

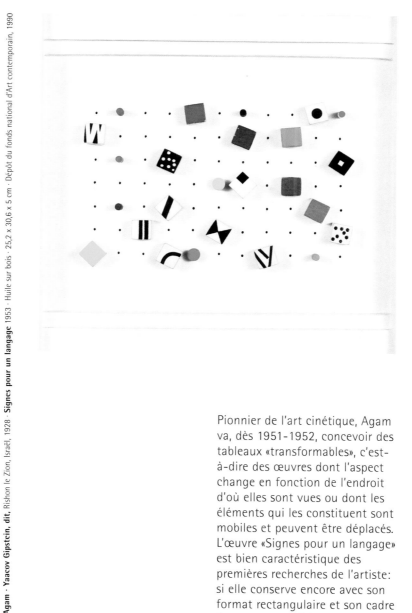

Agam · **Yaacov Gipstein, dit,** Rishon le Zion, Israël, 1928 · **Signes pour un langage** 1953 · Huile sur bois · 25,2 x 30,6 x 5 cm · Dépôt du fonds national d'Art contemporain, 1990

Pionnier de l'art cinétique, Agam va, dès 1951-1952, concevoir des tableaux «transformables», c'est-à-dire des œuvres dont l'aspect change en fonction de l'endroit d'où elles sont vues ou dont les éléments qui les constituent sont mobiles et peuvent être déplacés. L'œuvre «Signes pour un langage» est bien caractéristique des premières recherches de l'artiste: si elle conserve encore avec son format rectangulaire et son cadre l'apparence traditionnelle d'un tableau, les éléments en relief, cubes, cylindres polychromés qui sont disposés sur le fond sont munis d'une tige axiale, qui permet à la fois de les faire pivoter et de les déplacer en rapport avec les trous perforés ménagés à cet effet. La composition de ce relief peut donc être modifiée au gré de celui qui en manipule les éléments, traduisant par là l'intérêt de l'artiste pour l'instabilité et la transformation, et sa conviction que l'œuvre d'art ne doit pas revêtir d'aspect permanent.

Tinguely a participé avec Agam, Pol Bury et Soto, à la première exposition sur «Le Mouvement» organisée en 1955 par la galerie Denise René. «Métamorphose V» fait partie d'une série de reliefs appelés «Métamécaniques»: actionnées par un moteur électrique, six formes géométriques noires, disposées sur un axe, bougent lentement sur un fond blanc selon un système d'engrenages non synchronisés impliquant une allure différente pour chacun des éléments. Les reliefs mobiles de Tinguely montrent l'intérêt de l'artiste pour la métamorphose, la transformation.

Abstraite à partir de 1950, Pierrette Bloch a privilégié le collage et le dessin à l'encre de Chine dans son travail de peintre à partir de 1953. Cette œuvre sans titre assemble des dessins préparés ou de rebuts déchirés ou découpés puis composés sur un fond en bois de telle sorte que se développe un rythme double né du contraste du noir et du blanc, ainsi que du plein et du vide, comme deux voix qui s'unissent ou s'éloignent pour un chant. Elle déclare que le noir et le blanc sont "les deux grandes possibilités du silence".

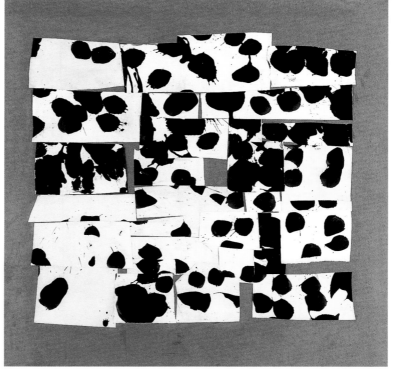

Pierrette Bloch Paris, 1928 · **Sans titre** 1972 · Dessin à l'encre de Chine sur papier déchiré, découpé et collé sur isorel · 121 x 119 cm · Acquis en 1999

Pierrette Bloch Paris, 1928 · **Fil de crin** 1986 · 3 x 400 x 3 cm · Dépôt du fonds national d'Art contemporain

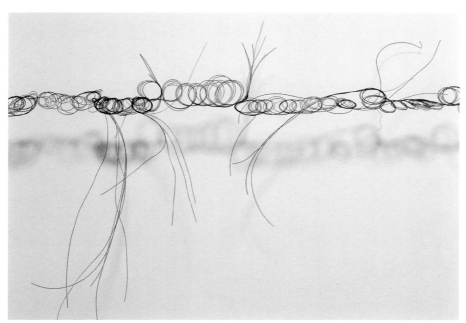

Ses sculptures de crin entreprises à partir de 1984 sont faites d'un fil de nylon tendu à l'horizontale sur un mur entre deux houseaux au long duquel sont égrénés des nœuds dont les extrémités se déploient et parfois se hérissent sur le vide. Les œuvres de cette famille ne ressemblent à aucune forme déjà vue et tiennent du dessin et de l'écriture, de la peinture et de la sculpture aussi. Elles sont immatérielles et sans poids, entre deux lieux. Avec leurs nœuds, boucles, paraphes et enjambements, elles tracent un parcours dans l'espace et le temps fondé sur le rythme.

Ce relief se présente comme un triptyque à corps central convexe et corps latéraux concaves constitué de boites. Son ordonnance modulaire et géométrique est rythmée par l'équilibre entre les verticales et les horizontales et répond en un contraste qui accroît la couleur noire au jeu d'ombres et de reflets, de pleins et de vides, d'aplats et de courbes des éléments répétitifs qui occupent les boites. Cette façon de pratiquer l'assemblage a été élaborée par l'artiste après son séjour au Mexique de 1949 à 1951. C'est en effet à l'art religieux de ce pays, au sentiment puissamment baroque et souvent tourmenté, que s'apparente son œuvre de ténèbres et jusque dans sa mise en espace qui reprend celle des retables.

Louise Nevelson Kiev, 1900 - New York, 1988 · **Shadow and Reflection** 1966 · Bois peint · 273 x 430 x 65 cm · Acquis en 1969

Dans «Red Curve IV», la courbe
tendue entre les deux extrémités
des angles d'un triangle permet
de limiter une zone dynamique
accentuée par la couleur rouge.
L'emploi de formes géométriques
élémentaires, tout de suite
lisibles, permet ici d'explorer la
relation entre le fond et la
forme, celle-ci se détachant sur
le blanc du support et celui du
mur, ne semblant plus limitée
par les bords du châssis. Le
tableau est compris comme le
fragment d'un ensemble plus
vaste qui se poursuit dans
l'espace.

224 225

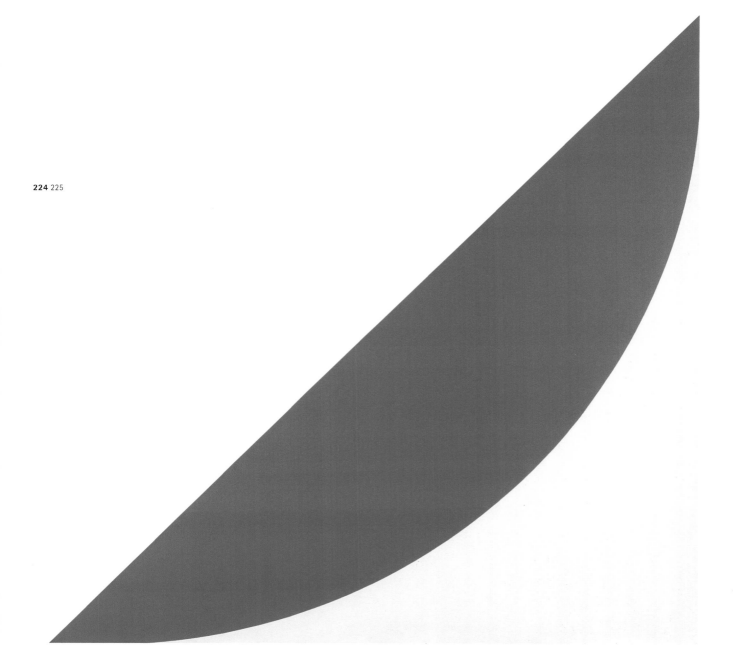

Ellsworth Kelly Newburgh, États-Unis, 1923 · **Red Curve IV** 1973 · Huile sur toile · 179 x 360 cm · Acquis en 1975

Guido Molinari Montréal, 1933 · **Diagonal noir** 1956 · Duco sur toile · 127 x 152,6 cm · Don de l'artiste, 1998

L'artiste de Montréal Guido Molinari a peint dans la deuxième moitié des années 50 une série de peintures abstraites exclusivement en noir et blanc d'une force et d'une originalité sans équivalent: ce tableau est constitué d'une forme blanche et de deux formes noires installées dans le champ pictural et le débordant, de façon à éliminer la relation entre le fond et la forme et à structurer le plan au moyen d'un rythme puissant.

La création d'Emmanuel a pris
très tôt une direction originale.
Parti de l'exercice de la peinture,
il s'est orienté vers l'usage du
papier découpé et l'assemblage
sans collage ni fixation aucune
des formes obtenues. Son travail
s'est notamment présenté sous
la forme de livres, comportant
une couverture et un certain
nombre de pages, mais sans les
caractéristiques habituelles du
livre, sans texte, marges,
illustrations, pages rognées, ni
reliure.
Il s'agit de feuilles de papier
découpées, noires ou blanches,
qui sont assemblées l'une dans
l'autre sans agrafage ni couture,
et qui s'interpénètrent, pour
donner des formes qui
s'enchaînent. Ces feuilles libres,
tournées à la main, permettent
de voir les arrangements évoluer
au fur et à mesure, fondés sur le
seul contraste absolu du noir et
du blanc.

226 227

Emmanuel Paris, 1946 · **Livre n° 4** 1976 · Papier découpé · 10 folii · 36,7 x 36,7 cm, ouvrage replié · 36,7 x 74,8 cm, ouvrage ouvert · Acquis en 1999

Julije Knifer Osijek, 1924 · **TU A BI HA DA / II 17** 1977 · 164,5 x 200 cm · Acrylique sur toile · Acquis en 1999

Marqué à ses débuts par l'art de Malévitch, Julije Knifer, l'un des artistes majeurs de la Croatie, a bâti son œuvre, à la fin des années 50 et pour ne pas en changer, sur l'usage exclusif d'une même forme et une complète raréfaction des moyens. Toutes ses compositions développent une ligne en méandre, disposée dans un espace sans profondeur. Cette grecque simplifiée qui présente parfois un seul élément, généralement deux, comme dans ce tableau de 1977 et rarement plus de trois développements, est peinte en noir, la partie en réserve étant blanche, sans aucun effet pictural.
Cette neutralité est mise au service de l'expression d'un contraste maximum dans l'opposition et la complémentarité du noir et du blanc et dans l'enchaînement à angle droit des directions. La radicalité du propos de Julije Knifer, tenue jusqu'à l'obsession, a plus à voir avec la démarche du Groupe 0 par exemple qu'avec celle du constructivisme, auquel on l'assimile parfois.

A partir du tableau comme forme, Stella a progressivement développé un jeu de formes abstraites qui l'a conduit dans les années 60 à utiliser le châssis découpé, puis à réaliser des œuvres de plus en plus en relief, se situant par là dans la lignée des artistes constructivistes européens, dont il développe certaines formules. L'idée de Frank Stella consiste à se servir de toutes les ressources et d'exprimer en particulier dans son travail les rythmes, qu'il met en œuvre au moyen de contrastes de formes et de matières, ainsi que la profondeur réelle, comme le montre ce relief, fortement saillant et à la structure complexe, où le bois naturel est montré pour lui-même.

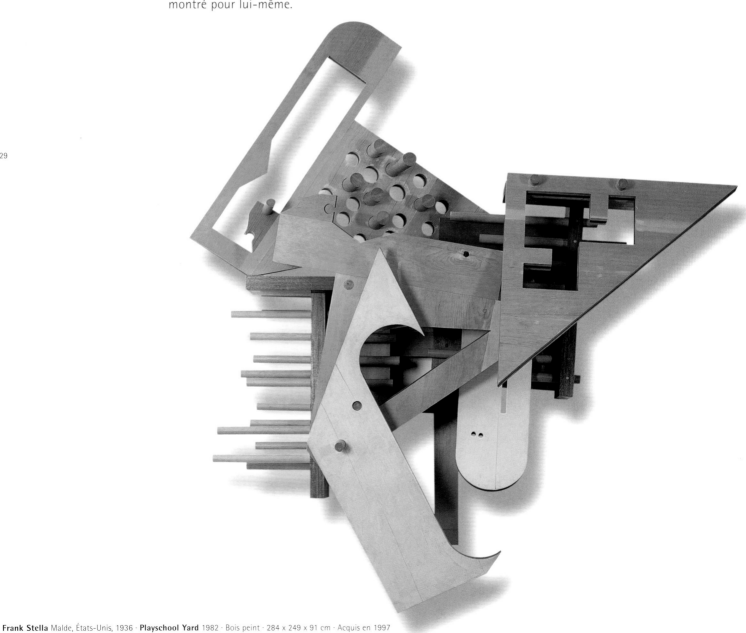

Frank Stella Malde, États-Unis, 1936 · **Playschool Yard** 1982 · Bois peint · 284 x 249 x 91 cm · Acquis en 1997

Avec «Pend», Kenneth Noland
joue sur l'irrégularité, les
obliques, les faux angles droits
et les parallèles tronquées. Des
bandes de couleurs plus sombres
traversent l'espace du tableau,
ménageant en son centre une
zone, dépourvue de tensions.
Ces rais colorés structurent
l'ensemble, dictent et justifient
les découpes du châssis. Les
angles coupés renvoient à
l'intérieur du champ pictural les
bandes colorées. Le contour
s'impose ici comme un élément
constitutif de la composition à
l'égal de la couleur: il rend le
tableau indépendant, tout en
l'intégrant à l'espace.

Kenneth Noland Asheville, États-Unis, 1924 · **Pend** 1975 · Acrylique sur toile · 310 x 340 cm · Acquis en 1977

Konrad Klapheck Düsseldorf, 1935 · **Les Questions du Sphinx** 1984 · Huile sur toile. 121,5 x 114 cm · Dépôt du fonds national d'Art contemporain, 1987

«Les Questions du Sphinx» de Klapheck fait référence au célèbre tableau d'Ingres «Œdipe et le Sphinx». Ce tableau appartient à la série des «machines à coudre» que l'artiste affectionne, en même temps que les machines à écrire et autres formes et objets industriels qu'il prend pour modèles. Klapheck utilise un style précis pour restituer une réalité toute prosaïque. Sa représentation quasi frontale occupe l'ensemble de la toile et lui confère une dimension monumentale. Tout comme Richard Lindner, Konrad Klapheck attache une attention toute particulière à la structure du tableau. Les formes de la machine à coudre, minutieusement représentées, sont accentuées et donnent ainsi une image particulièrement intense à l'objet, qui peut aller jusqu'à se montrer dérangeante par son insistance. La dureté de l'exécution, la facture lisse renforcent cette impression.

Peter **Stämpfli** Deisswil, Suisse, 1937 · **Grand prix** 1969 · Acrylique sur toile · 169,4 x 493,5 cm · Dépôt du fonds national d'Art contemporain, 1978

Stämpfli a bâti son œuvre sur la représentation plus ou moins stylisée des pneumatiques automobiles et de leur sculpture. En jouant sur les angles de vue, les détails, les agrandissements, la perpective, la couleur, les ombres, il a créé tout un univers de formes singulier, dont «Grand prix» est ici le témoignage. Cette image d'un fragment de pneumatique a été considérablement agrandie, au point de ne plus rendre directement compréhensible le motif dont elle est issue. La forme du tableau en demi-lune, qui évoque l'objet en question, permet à l'artiste de justifier son recours au châssis découpé.

Hervé **Télémaque** Port-au-Prince, Haïti, 1937 · **Et la narine d'Amin** 1976 · Huile sur toile · 175 x 300 cm · Acquis en 1977

Gilles Aillaud Paris, 1928 · **Tortues** 1975 · Huile sur toile · 129,7 x 161,9 cm · Acquis en 1978

Dans le titre de son tableau, «Et la narine d'Amin», Télémaque rapproche le nom d'un dictateur africain, Amin Dada, reversé en 1979 et celui du célèbre mouvement artistique zurichois. Il présente sur la toile une réunion hétéroclite d'objets, dont la rotondité peut faire référence à l'œuvre de Jean Arp qui constitue pour lui un modèle. La composition tient compte de la forme elliptique de la toile. Les objets, plus ou moins facilement identifiables, sont reliés les uns aux autres pour composer une figure en forme d'ellipse. L'agencement des formes sur le fond ne propose pas de continuité dans la lecture. La facture en aplat empruntée à la bande dessinée renforce l'aspect plaqué sur la toile de ces objets énigmatiques.

Aillaud s'est consacré à la représentation du monde animal en captivité. Ses vues de bêtes dans les zoos, cadrées de façon très photographique, sont peintes d'une façon mécanique. Cette facture neutre, passe-partout et le manque d'intérêt artistique ou émotionnel de ces images sont pour l'artiste le moyen d'évoquer les rapports humains et leur dureté. Procédant d'une analyse marxiste, Aillaud a employé de façon froide une formule bien connue depuis l'Antiquité et dont La Fontaine a tiré parti: celle de la fable mettant en scène des animaux.

Cette peinture montrant un nu
féminin couché et un bouquet
fait référence aux affiches
géantes de la publicité. Ce
modèle permet à Wesselmann
d'interroger les rapports
réciproques de l'art, de la réalité
et de la réclame. Éternel
archétype de la beauté, le corps
féminin nu devient ici un
stéréotype élaboré avec l'objectif
d'une caméra et cadré en très
gros plan. Le format
monumental et la facture
reproduisent ceux de la
publicité. L'image créée par
Wesselmann présente ainsi la
réalité comme une surenchère
d'images artificielles.

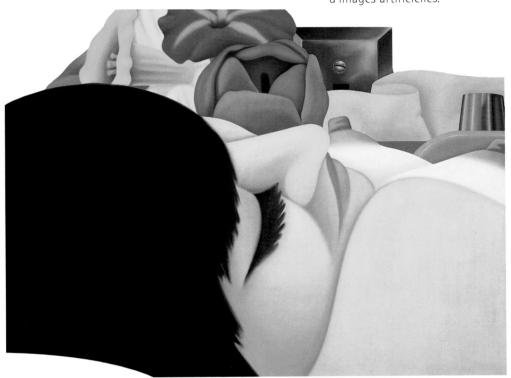

Tom Wesselmann Cincinnati, 1931 · **Bedroom Painting n°31** 1973 · Huile sur toile · 207 x 261 cm · Acquis en 1974

Edward Kienholz Fairfield, États-Unis, 1927 - Hope, États-Unis, 1994 · **Endless through a glass-house looking** 1980-1981

Bois, métal galvanisé, acier, lumière, peinture, résine, Plexiglas, oiseau naturalisé, faïence et tapisserie · 300 x 250 x 125 cm · Dépôt du fonds national d'Art contemporain, 1996

Martial Raysse Vallauris, 1936 · **Life is so complex** 1966 · Plexiglas coloré opaque et transparent, découpé et monté sur contre-plaqué · 150,2 x 260 cm · Acquis en 1968

Kienholz a été l'un des premiers sculpteurs à créer dans les années 60 des environnements qu'il a continué à dessein à nommer «tableaux». Il représente des scènes banales et souvent sordides de la vie quotidienne, un bar, le salon d'une maison de rendez-vous, une chambre à coucher bourgeoise, qui sont reconstituées grandeur nature avec de vrais objets, des mannequins, de façon à créer un décor le plus réaliste possible. Ces représentations constituent une critique particulièrement acerbe et désenchantée de la société. Un décalage dans la reconstitution des personnages permet de transformer leur nature et fait basculer le réel dans le rêve et même le fantastique. La sexualité joue un grand rôle dans son œuvre, comme le montre cette sculpture de sa dernière époque, réalisée à Berlin et qui présente une figure féminine ayant le même aspect devant et derrière un miroir.

Ce portrait puzzle est constitué de douze éléments dont quatre sont répétés deux fois: certaines parties du visage manquent, d'autres sont reprises sous des formes différentes. Réalisé avec des éléments en Plexiglas découpé, il répond à la volonté d'«utiliser des techniques modernes pour exprimer un monde moderne». Le Nouveau réalisme, dont Martial Raysse est l'un des principaux représentants, a montré ce monde fait de clichés émanant de la société. Ainsi le visage de la femme est-il codé et présente-t-il des signes de reconnaissance qui sont l'œil maquillé de noir, la bouche peinte en rouge, le teint unifié, le galbe parfait de la joue. Le titre de l'œuvre, une phrase toute faite, montre l'emprise américaine sur la culture populaire générée par la société moderne.

Jannis Kounellis Le Pirée, Grèce, 1936 · **Sans titre** 1985 · Toile de jute et peinture · Hauteur variable 320 x 60 cm · Acquis en 1989

éclats

L'art de la fin du XXe siècle se manifeste par une diversité toujours plus marquée: les tendances stylistiques les plus contradictoires, les langages les plus singuliers, les techniques les plus variées trouvent à s'exprimer et rencontrent leur public.

En même temps que l'art se mondialise, il devient de moins en moins universel. La circulation et le réseau sont devenus des maîtres-mots, dont témoigne cet assemblage de Jannis Kounellis composé de sacs de café en toile de jute, pliés et empilés, que l'artiste présente comme une métaphore du voyage. L'objet artistique continue d'affirmer sa réalité, quand sa conception et son fonctionnement sont évidents, comme en témoignent les œuvres minimalistes de Carl Andre, Donald Judd et Sol LeWitt et les productions structuralistes des artistes du groupe Support-Surface. Les sculptures de Richard Long et de David Rabinowitch peuvent affirmer leur matérialité et leurs dimensions, quand les tableaux d'Olivier Mosset, de Michel Parmentier et de Niele Toroni renvoient exclusivement à la peinture. Mais Christian Boltanski parle de nouveau un langage humaniste avec des formes contemporaines, tandis qu'Annette Messager et Rebecca Horn parviennent à leur façon à illustrer certains mythes de la société. L'art est une histoire à suivre.

Carl Andre a élaboré un vocabulaire formel articulé autour de quatre notions fondamentales: emploi de matériaux bruts, compositions modulaires, planéité de l'œuvre sculpturale qu'il envisage comme lieu. Dans «Flander Field», l'artiste dispose à même le sol cinquante-quatre éléments: des poutres débitées industriellement dont les dimensions sont identiques. La référence aux champs de bataille de la première guerre mondiale dans les Flandres est explicite, non seulement dans le titre, mais dans l'aspect brutal de l'œuvre. Celle-ci maintient avec le public une relation directe et accroît l'immédiateté de sa perception. Les poutres, séparées par des intervalles réguliers, sont disposées à l'intérieur d'un rectangle. Cette disposition répétitive privilégie la dimension horizontale. Tous les éléments séparés par des vides apparaissent comme autant d'entités autonomes, juxtaposées sans aucun moyen d'assemblage, sinon l'ordre de leur alignement.

«Yellow Wallpiece» de Judd est constitué de quatre caissons carrés strictement identiques. Séparés par des intervalles réguliers et alignés deux par deux, verticalement et horizontalement, ils forment sur le mur un carré au centre duquel l'espace libre dessine une croix. L'espace intérieur des quatre caissons est divisé par des pans verticaux placés selon une orientation diagonale ou perpendiculaire au fond. L'absence de structure traditionnelle et de composition hiérarchique accroît l'indépendance de chaque volume; éléments isolés, ils affirment leur qualité d'«objets spécifiques»; seule la progression mathématique qui régit les divisions internes permet de les comprendre comme parties, intégrées dans un tout homogène.

Carl Andre Quincy, États-Unis, 1935 · **Flander Field** 1978 · Cèdre rouge du Liban · 54 éléments mesurant chacun 30 x 30 cm · Dépôt du fonds national d'Art contemporain, 1987

Donald Judd Excelsior Spring, États-Unis, 1928 – New York, 1994 · **Yellow Wallpiece** 1987 · Bois, contre-plaqué et Plexiglas · 4 caissons mesurant chacun 100 x 100 x 50 cm · Dépôt du fonds national d'Art contemporain, 1990

Cette sculpture de Sol LeWitt, constituée de formes élémentaires, ne renvoie à rien d'autre qu'à sa propre réalité. Son module de base est le cube réduit à ses arêtes; construit en barres d'acier de section carrée et peint en blanc, couleur inexpressive selon LeWitt, il est répété cinq fois dans une ordonnance en quinconce, à même le sol. Son exécution en usine lui confère une facture impersonnelle. Il s'agit de la réalisation matérielle d'une idée préalablement élaborée et qui s'inscrit dans un programme.

Sol LeWitt Hartford, États-Unis, 1928 · **White Five-Part Modular Piece** 1971 · Acier peint en blanc · 157 x 725 x 236 cm · Acquis en 1973

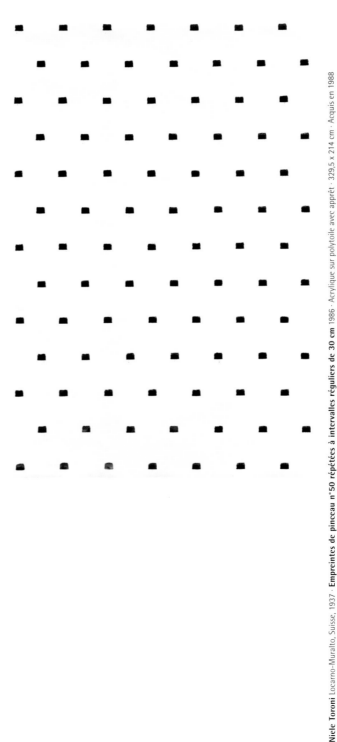

La méthode de Toroni est donnée par le titre: elle reste la même, que l'artiste peigne un support avec ou sans châssis ou, comme il le fait le plus souvent, en relation étroite avec un espace donné. Il pose à l'aide du même pinceau des touches de peinture, dont les alignements se succèdent en quinconce. Ces touches sont reproduites avec la même régularité, excluant toute expression, composition ou symbolique. Toroni en revendique la valeur de travail, puisqu'il peint lui-même et que sa peinture, qui n'a rien de conceptuelle, doit être vue pour ses qualités visuelles. Niele Toroni n'a jamais varié dans son attitude. Il poursuit son travail avec une rigueur intellectuelle, qui lui fait refuser tout superflu. Après la mort de la peinture maintes fois annoncée, il est le modèle du peintre.

Niele Toroni Locarno-Muralto, Suisse, 1937 · **Empreintes de pinceau n°50 répétées à intervalles réguliers de 30 cm** 1986 · Acrylique sur polytoile avec apprêt · 329,5 x 214 cm · Acquis en 1988

Michel **Parmentier** Paris, 1938 · **Sans titre** 15 avril 1968 · Acrylique sur toile · 268 x 245 cm · Acquis en 1977

Michel Parmentier a fondé sa pratique sur la répétition systématique de bandes horizontales de 38 cm, alternativement blanches et colorées. L'ensemble est peint au pistolet ou avec une bombe aérosol. De l'action de peindre, Parmentier ne retient que le degré zéro de la représentation, l'image de la matérialité de la peinture elle-même. Il déclare: «Je peins de la peinture» et partage avec Buren, Toroni et Mosset la conviction que «l'art est distraction, l'art est faux».

Comme Buren avec ses rayures, Parmentier avec ses bandes horizontales et Toroni avec ses empreintes en quinconce, Mosset a opéré une réduction radicale du langage pictural et de la composition. Ses tableaux montrent exclusivement un cercle épais peint au centre de la toile d'une façon anonyme. Avec ce langage de formes minimales, les artistes ont voulu redonner à la peinture tout son pouvoir d'évidence.

Olivier **Mosset** Berne, 1944 · **Sans titre [Peinture]** 1966-1974 · Acrylique sur toile · 100 x 100 cm · Acquis en 1997

Claude **Viallat** Nîmes, 1936 · **Sans titre** 1972 · Huile sur toile de bâche · 266 x 197 cm · Acquis en 1974

242 243

Dans cette peinture, Viallat a répété sur une toile libre une même forme de façon systématique par l'empreinte d'une éponge imbibée de couleur. Cette éponge était utilisée pour le blanchissage à la chaux des murs dans le Midi de la France, d'où l'artiste est originaire. L'analyse matérialiste que Claude Viallat avait conduite au sein du groupe Support-Surface, lorsqu'il cherchait à faire sortir la peinture de son cadre habituel en la déconstruisant, est enrichie par une pratique quasi rituelle de la répétition du geste de peindre.

Daniel **Dezeuze** Alès, 1942 · **Sans titre** 1977 · Bois. 428 x 108,6 cm · Acquis en 1991

Bernard Pagès Cahors, 1940 · **Assemblages bout à bout** 1975 · Bois de pin maritime et bois de mélèze · 4 éléments mesurant chacun 115 x 45 x 62 cm · Acquis en 1976

A la fois dessin et relief, la série des échelles à laquelle appartient cette œuvre se présente comme une prise de possession de l'espace. L'intérêt porté aux composants du tableau pousse l'artiste à considérer l'échelle comme une variation sur le thème du châssis. Associant la souplesse caractéristique de la toile à la composition géométrique et au matériau du châssis, Daniel Dezeuze réduit le concept du tableau à une expression matérielle.

Aux côtés de Claude Viallat, Daniel Dezeuze, Louis Cane au sein du mouvement Support-Surface, Bernard Pagès s'est consacré à la sculpture pour en expérimenter les techniques. La volonté d'analyser la sculpture le pousse à insister sur le matériau, l'assemblage et le façonnage. Dans «Assemblages bout à bout», c'est l'élément d'assemblage, le double coin (faux tenon), qui l'emporte sur les éléments assemblés, faits de blocs de mélèze et de pin maritime. L'artiste montre ici sa prédilection pour les agencements rustiques et le savoir-faire artisanal. La sérialité, illustrée par la répétition de ces quatre éléments, insiste sur le processus même de l'assemblage, tout en mettant en valeur l'ingéniosité de l'homme et son habileté.

Christian Boltanski Paris, 1944 **Réserve des Suisses morts** 1992 · Photographies noir et blanc, boîtes métalliques, lampes et fils électriques · 344 x 222 x 21,5 cm · Don de l'artiste, 1994

Christian Boltanski Paris, 1944 **Monument** 1985 · Photographies, ampoules et fils électriques · 350 x 1000 cm · Acquis en 1987

A considérer son étendue et son ordonnance symétrique, qui reprend par ses trois «volets» et leur forme celle des triptyques qui ornent les églises, cette œuvre est bien un monument. Les lumières des lampes électriques qui dessinent son contour renforcent son effet par la distance qu'elles imposent au visiteur, celle que nécessite tout dispositif voué à la commémoration. Il s'agit bien d'évoquer la mémoire d'enfants, dont les visages sont présentés par des photographies en noir et blanc encadrées et auréolées de lumière.

La découverte du caractère bricolé de l'installation vient ensuite, les fils électriques trop longs disposés en toute anarchie, les photographies grises, leur encadrement bon marché. La mise en œuvre qu'opère Christian Boltanski tient la balance égale entre le sérieux, voire le tragique, et le dérisoire. Sa peinture organise sur le mur, en un ordre sommaire qui puise ses sources dans l'histoire des formes et des cérémonies rituelles, des bribes, témoins dérisoires de vies faiblement éclairés par la lumière artificielle. Avec ce dispositif, Christian Boltanski se livre à une réflexion sur les moyens de la création, les plus contemporains rencontrant les plus traditionnels: ce «Momento mori» imprègne davantage encore la sculpture faite d'un assemblage de boîtes métalliques intitulée «Réserve des Suisses morts».

Jean Le Gac a réalisé cette œuvre
dans le cadre d'une commande
publique pour commémorer le
bicentenaire de la Révolution en
Dauphiné. L'artiste saisit cette
occasion pour s'interroger une
fois encore sur l'art et sa fiction,
l'art et sa représentation. Le Gac
a emprunté son sujet au tableau
de David «Le Serment du Jeu de
Paume». Il choisit un fragment de
la composition, qu'il agrandit et y
ajoute, sous la forme d'une
photographie encadrée, un
appareil de projection, pour bien
signifier qu'il s'agit de la
projection d'une mise en scène.
Comme dans toutes les œuvres
de Le Gac, l'utilisation conjuguée
du texte et de l'image introduit
un paradoxe. A priori le texte
commente l'image et l'image
illustre le texte. En réalité, le
texte rédigé à la troisième
personne renvoie à l'auteur, qui
parle de lui avec humour et se
met en scène dans sa propre
peinture. Dans une démarche
résolument individuelle et toute
contemporaine, l'œuvre devient
réflexion sur elle-même.

Jean Le Gac Tamaris, 1936 · **Le Grand Film** 1988 · Fusain, pastel, caséine sur toile et photographie montée dans un cadre · 347 x 670 x 20 cm · Dépôt du fonds national d'Art contemporain, 1988

«Blooded» regroupe vingt-cinq
clichés en un ensemble
monumental. Leur encadrement
noir, le cerne des formes
simplifiées, les grands aplats de
couleur vive rappellent l'art du
vitrail. Cette référence prend
d'autant plus de valeur que la
composition parodie les images
pieuses dont elle conserve
l'efficacité: Gilbert et George y
sont présentés assis de dos
contre le tronc d'un arbre mort;
ils chantent l'amour de la terre,
une fleur épanouie devant eux.
Des coulées de rouge évoquent
la destruction du monde naturel.

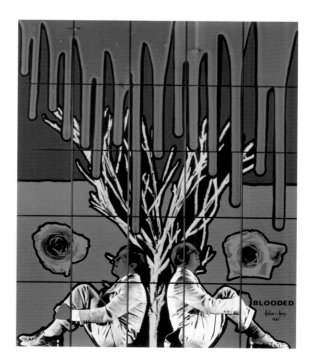

Gilbert and George Gilbert Proesch, Dolomites, Italie, 1943 et George Pasmore, Totnes, Grande-Bretagne, 1942 · **Blooded** 1983 · 25 épreuves photographiques sous verre et encadrées 302 x 252 cm · Acquis en 1987

Marqué par Duchamp et Magritte et prenant pour sujet le langage, Broodthaers illustre ici de façon énigmatique une fable de La Fontaine, «Le Corbeau et le Renard». L'artiste en réécrit l'histoire, introduisant notamment le personnage du peintre, dont le nom figure à la place du nom du corbeau dans l'un des deux bocaux placés sur une étagère. Le peintre à l'égal du corbeau se nourrit des flatteries d'une coterie. Le texte en lettres rouges qui sonne comme une litanie devient une image.

LE D EST PLUS GRAND QUE LE T. TOUS LES D DOIVENT AVOIR LA MÊME LONGUEUR. LE JAMBAGE ET L'OVALE DE LA MÊME PENTE COMME DANS LES MODÈLES: LE CHIEN. LE RENARD. KOEKELBERG. LES CRIS. LES MAINS. L'ORCHIDÉE. L'ARCHITECTE. LES PATTES. LES MAINS. PARIS. LA FOURBERIE. LES VOIX. LES CRIS. LE CARACTÈRE. L'IMPRIMEUR. L'IMPRIMEUR. L'AGORA. LE RENARD. LE ROUGE. LE

LE CORBEAU ET LE RENARD. LE CORBEAU SONNE. LE PEINTRE EST ABSENT. LE RENARD SONNE. L'ARCHITECTE EST ABSENT. MÊME JEU. LE CORBEAU ET LE RENARD SONT ABSENTS. JE ME SOUVIENS D'EUX, MAIS À PEINE. J'AI OUBLIÉ LES PATTES ET LES MAINS, LES JEUX ET LES COSTUMES, LES VOIX ET LES CRIS, LA FOURBERIE ET LA VANITÉ. LE PEINTRE ÉTAIT TOUT COULEURS. L'ARCHITECTE ÉTAIT EN PIERRE. LE CORBEAU ET LE RENARD ÉTAIENT DE CARACTÈRES IMPRIMÉS. LE SYSTÈME D. IL Y AVAIT DU CHIEN JUSQUE DANS LA FOULE. IL PLEUVAIT SUR L'AGORA. L'AGORA ÉTAIT BONDÉE. IL Y AVAIT UN CHIEN VERT, UN CHIEN ROUGE, UN CHIEN BLANC, UN CHIEN NOIR ET BLEU, DE CARACTÈRE IMPRIMÉ. JE ME SOUVIENS D'EUX, MAIS À PEINE. LE RENARD SONNE. LE CORBEAU SONNE.

Marcel Broodthaers Saint-Gilles, Belgique, 1924 - Cologne, Allemagne, 1976 · **Le Corbeau et le Renard** 1968 · Huile sur toile marouflée sur aggloméré, verre et bois · 81,3 x 71,8 x 11,8 cm · Acquis en 1990

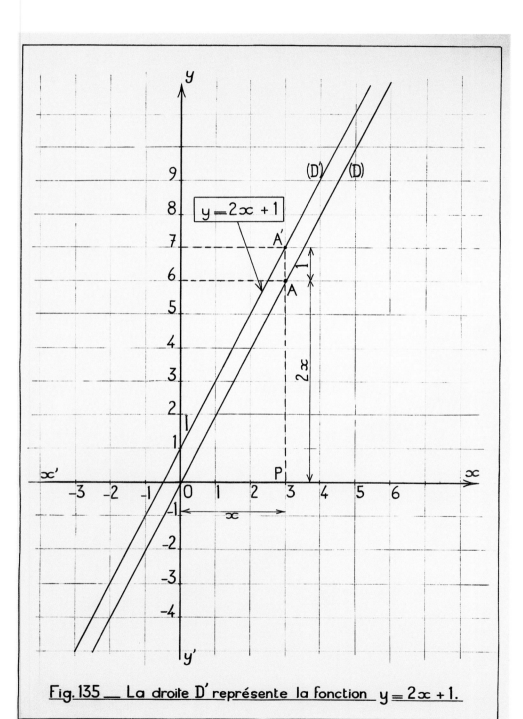

Bernar Venet Château-Arnoux, 1941 · **La Droite D' représente la fonction Y = 2x+1** 1966 · Acrylique sur toile. 168 x 116 cm · Acquis en 1987

$$y = 2x + 1$$

Fig. 135 ___ La droite D' représente la fonction $y = 2x + 1$.

Premier protagoniste français de l'art conceptuel, Bernar Venet a su trouver une place singulière dans cette tendance de l'art contemporain, révélée en 1969. L'artiste recopie ici à la main la représentation graphique d'une fonction énoncée dans le titre, qu'il transfère à l'échelle du tableau. Le choix d'un sujet emprunté au domaine rationnel des mathématiques exclut la possibilité de lectures multiples et subjectives, en réduisant l'œuvre à une seule signification possible. Sa réalisation n'offre guère plus de latitude à l'artiste, qui n'intervient que dans le choix de l'image. Bernar Venet limitant son intervention à un travail de copie, cherche à restreindre la création à la reproduction fidèle d'une donnée.

Le sculpteur David Rabinowitch
a privilégié la dimension
horizontale dans son œuvre.
Cette sculpture, présentée au
sol, est constituée de plaques
d'acier épaisses, découpées
géométriquement à partir d'un
plan elliptique. Le dessin obtenu,
les perforations qui le
complètent, la masse de
l'ensemble inscrivent fortement
l'œuvre au sol et dans l'espace
et appellent la comparaison, sur
un plan formel et dans leur
signification parfois ésotérique,
avec les plans d'architecture et
les pierres tombales qui
meublent les lieux de culte.

David Rabinowitch Toronto, Canada, 1943 · **Construction cônique rationnelle en 12 masses et 2 échelles** 1972 · Acier. 7 x 367 x 283 cm · Dépôt du fonds national d'Art contemporain, 1991

Richard Long puise les principaux thèmes de sa création dans le milieu naturel. Comme Hamish Fulton, il effectue des marches à travers le monde qu'il ponctue de témoignages et d'actions multiformes: photographies consignant la trace laissée au sol par son passage, constructions réalisées sur place à l'aide d'éléments trouvés sur son chemin, cartes représentant l'itinéraire de son déplacement ou encore sculptures présentées dans un espace clos. Cette œuvre, intitulée «Brittany Red Stone Circle», est constituée de nombreux morceaux de pierre disposés au sol à l'intérieur d'une figure circulaire. L'horizontalité de cette sculpture associée à un répertoire formel élémentaire, où s'inscrivent parfois des réminiscences celtiques (spirales, croix, etc.) accroît le sentiment d'intemporalité qu'elle dégage.

Richard Long Bristol, Royaume-Uni, 1945 · **Brittany Red Stone Circle** 1978 · Pierre. ø 380 cm · Acquis en 1978

Alain Kirili Paris, 1946 · **Spirit of Mingus** 1992 · Fer peint · 11 éléments · 130 x 137 x 16 cm · environ chacun · En cours d'acquisition par le Musée de Grenoble

Alain Kirili Paris, 1946 · **Water Letters** 1998 · Styrofoam peint · 26 éléments · 30 (environ) x 40 x 40 cm chacun · Don de l'artiste, 1999

Sculpteur abstrait, Alain Kirili a développé son art depuis les années 70 dans trois directions principales, la statuaire fondée sur la verticalité et composée d'un ou de deux éléments, l'occupation d'un champ horizontal à l'aide de formes multiples, qu'il intitule du terme générique de «commandement», la ronde-bosse en terre, modelée dans un style baroque. Alain Kirili a d'autre part trouvé une source d'inspiration profonde dans le jazz, qu'il associe à sa création et qu'il met en rapport dans son exposition. C'est ce que montre «Spirit of Mingus», une sculpture appartenant au type des «commandements» et qui est un hommage au contrebassiste, compositeur et chef d'orchestre Charles Mingus.

L'œuvre se compose d'éléments séparés, constitués chacun d'une base rectangulaire peinte au minium et d'un motif sculpté en fer forgé qui la surmonte. Le dessin de ces formes, semblable à une écriture, montre bien la filiation qui existe entre l'art d'Alain Kirili et celui de David Smith, lui-même tributaire de la sculpture de Julio Gonzalez. La disposition de ces éléments posés et espacés, les correspondances qui se créent entre eux, le rythme donné par les intervalles assurent la continuité de l'espace et créent une ponctuation à l'intérieur de celui-ci.
Le même propos se retrouve dans «Water Flowers», une sculpture flottante réalisée spécialement pour le bassin du Musée de Grenoble par l'artiste lors de son exposition en 1999.

Marquée par la peinture américaine, celle de Barnett Newman comme celle de Clyfford Still, l'œuvre abstraite de Helmut Federle se trouve chargée, dans toute son austérité, d'un fort contenu de spiritualité: la forme, la couleur et la composition doivent témoigner selon lui d'une quête de l'essentiel et expriment son angoisse face au vide et à la mort. La composition est ici structurée à partir d'horizontales et de verticales épaisses, qui, par leur croisement, suggèrent pour certaines d'entre elles les initiales de l'artiste en capitales d'imprimerie. Dans un format barlong, une structure puissante et équilibrée, faite de lignes grises, se détache sur un champ clair chromatique mal défini. L'oscillation de la couleur entre le vert et le jaune sale, son rendu grossier, son aspect mat, le contraste entre le clair et le sombre, font bien apparaître que le vrai sujet de cette composition réside dans le jeu entre l'ombre et la lumière.

L'œuvre de Perrodin fait partie d'une série composée avec un système qui cherche à articuler différents éléments entre eux, en liaison avec le lieu de leur présentation. Ces deux formes, carrées, et celle rectangulaire sont faites d'un cadre et d'une vitre devant un fond, peints en gris neutre. Leur disposition sur le mur répond à un schéma calculé. Le reflet changeant de l'espace et de la lumière ambiante sur les vitres vient distraire cet ordonnancement. La profondeur est introduite par un effet de miroir sur chaque partie.

Helmut Federle Soleure, Suisse, 1944 · **Mac Arthur Park** 1987 · Acrylique sur toile · 220 x 330 cm · Dépôt du fonds national d'Art contemporain, 1990

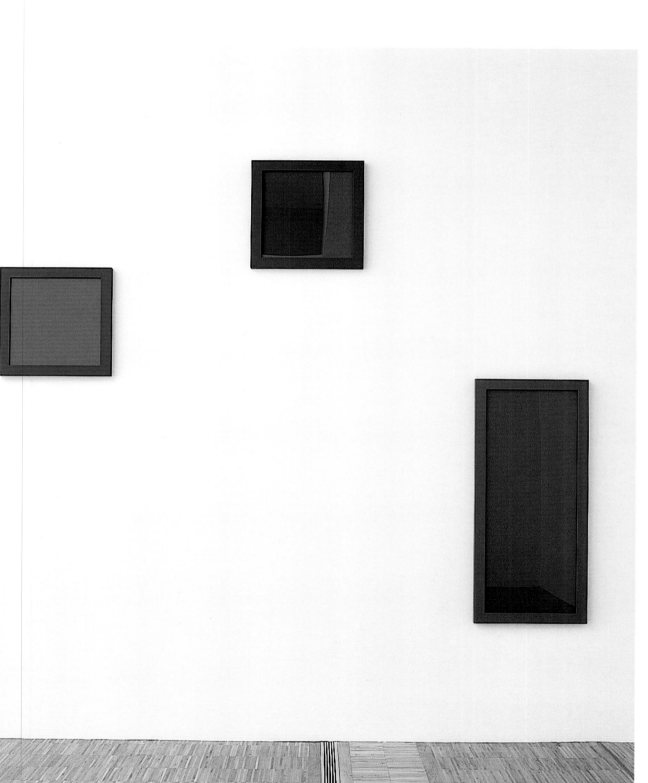

François Perrodin Saint-Claude, Guadeloupe, 1956 · **11-91** 1985 · Acrylique sur isorel, verre et cadre en bois peint · Trois éléments mesurant 134,5 x 60 x 4,1 cm et deux fois 60 x 60 x 4,1 cm · Acquis en 1988

Cette sculpture de Bertrand Lavier
est le résultat de la superposition
d'un dérouleur de papier Kraft
sur un meuble à dessins, le titre
de l'œuvre reprenant le nom des
deux firmes fabricant ces
marchandises. Chacun de ces
objets garde son identité, et
ensemble ils forment une
sculpture sur un socle. La
combinaison est commandée par
des motivations formelles.
L'incongruité et la qualité
plastique de cet assemblage
permettent d'identifier ce couple
comme une nouvelle forme, tout
autant que, dans une vision
analytique, elle permet
d'appréhender le meuble à
dessins par sa forme évoquant un
socle, sur lequel se dresserait,
telle une statue, le dérouleur.
Ainsi, à partir de la réalité
familière d'objets manufacturés,
Bertrand Lavier abolit les
frontières entre la vie et l'art, le
réel et sa représentation.

Bertrand Lavier Châtillon-sur-Seine, 1949 · **Manutan** 1987 · Acier peint et papier kraft · 226,4 x 136 x 95 cm · Acquis en 1988
Kind

Ayant abandonné la peinture en 1975, Haïm Steinbach a développé une activité de ramasseur et de simulateur, en s'appropriant des objets issus de brocantes ou de supermarchés pour les mettre en scène. Dès 1980, il utilise une étagère pour les présenter et mettre en évidence leur forme et leur image. Très vite, elle devient un module de présentation qui associe le formalisme des œuvres de Don Judd à l'aspect du présentoir commercial. Ce socle devient alors un élément plastique faisant partie de la composition et s'associant aux objets qu'il présente. Cette œuvre de 1988, qui rappelle le genre de la nature morte, est composée de vieux objets manufacturés. Le mode de présentation contribue à renforcer la théâtralité de la composition: à l'esthétique de ces objets qui appartiennent au passé s'ajoute celle de la couleur noire qui unit de façon harmonieuse les sept silhouettes à leur support.

Haïm Steinbach Rechovott, Israël, 1944 · **Sans titre** 1988

Un landau de poupée et six appareils de photographie sur une console en stratifié noir plaqué sur bois · 121,5 x 224 x 47,2 cm · Dépôt du fonds national d'Art contemporain, 1989

Tony Cragg Liverpool, Royaume-Uni, 1949 · **Three Shelves, Wine Bottles** 1981 · Verre et bois · 343 x 590 x 20,5 cm · Acquis en 1988

Le sculpteur Tony Cragg utilise souvent des matériaux de récupération qu'il présente tels quels ou qu'il transforme. «Three Shelves, Wine Bottles» révèle son intérêt pour le monde urbain et industriel. Appréciant l'objet pour ses qualités plastiques et symboliques, Tony Cragg se concentre ici sur l'image de la bouteille qu'il choisit de multiplier. Ce principe de répétition donne lieu à une composition ordonnée qui contraste avec le déséquilibre introduit par les trois étagères au mur, sur lesquelles sont placées les bouteilles. L'ensemble des lignes suscite une dynamique qui retrouve celle des compositions suprématistes de Malévitch: les bouteilles vides, qui sont des déchets tout autant que des volumes purs, soulignent par leur disposition la précarité du monde.

Les objets de Mc Collum ont des qualités communes à ceux de l'industrie: ils sont produits en très grand nombre; à l'intérieur d'une même série, les variations sont infimes comme pour permettre la comparaison; le fini en est impeccable et les couleurs le plus souvent attrayantes; le système de présentation met en évidence la multiplicité et donc la possibilité du choix; enfin les matériaux sont tout à fait ordinaires et peu onéreux. Avec les «Perfect Vehicles» véhicules parfaits, Mc Collum a choisi une forme qui rappelle les vases décoratifs chinois, mais qui reste tout à fait neutre tant elle est répandue. Ces vases, qui sont fabriqués en grand nombre, pourraient entrer dans la catégorie des objets commerciaux, comme le suggère leur présentation: l'installation, la mise en scène, conçues par l'artiste, se réfèrent à celles d'un grand magasin. Cette installation de postiches, irritante par sa neutralité, permet l'exercice du jugement critique.

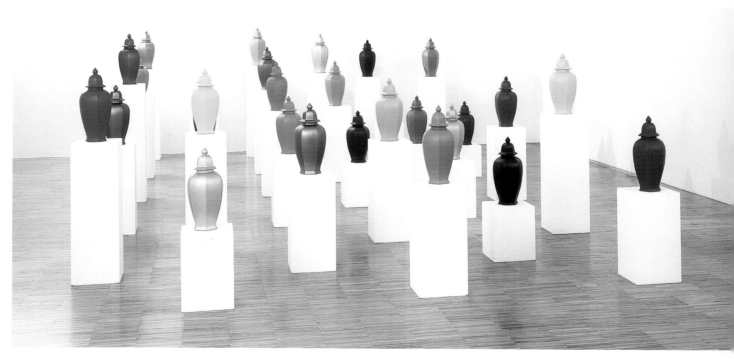

Allan Mac Collum Los Angeles, 1944 · **Perfect Vehicles** 1988 · Acrylique sur plâtre sur socles de bois · Chacun des 30 pots : 50 x 22 x 22 cm · Acquis en 1989

A partir d'objets utilisés dans la vie courante, ici des vitres latérales d'automobiles, Gloria Friedmann reconstitue des paysages, qui, pour n'être pas réalistes, n'en sont pas moins très évocateurs: ici la vue d'un glacier dont les facettes, les crevasses, les transparences et l'aspect cristallin sont exactement rendus par ce jeu d'équivalences.

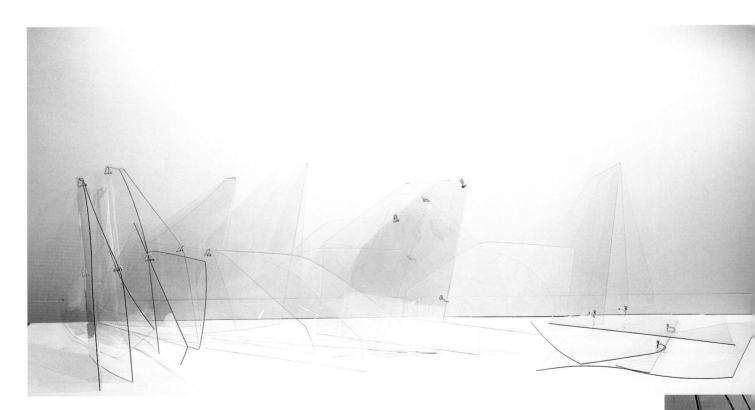

Gloria Friedmann Kronach, Allemagne, 1950 · **Mer de glace** 1985 · Verre Sécurit et manille en aluminium · 86 x 300 x 156 cm · Acquis en 1998

Rebecca Horn Michelstadt-Hambourg, Allemagne, 1944 · **La Lune rebelle** 1991 · Acier, verre, mercure · 350 x 850 cm · Acquis en 1992, détail

La démarche inclassable et complexe de Rebecca Horn se manifeste bien dans cette œuvre composée d'objets trouvés, détournés de leur fonction et présentés de façon paradoxale. Il s'agit de machines à écrire suspendues à une poutre à hauteur du plafond, le clavier tourné vers le sol. Les touches de chaque machine sont frappées par un percuteur électrique et produisent un cliquetis qu'accompagne le bruit des chariots en mouvement. L'ensemble, qui possède une valeur énigmatique, évoque en même temps le martèlement du bec des oiseaux dans la forêt: deux machines à écrire, situées à l'extrémité de la poutre, sont rapprochées au point de produire une étincelle électrique, qui traduit leur rapport amoureux. Le cône de verre rempli de mercure disposé au sol renforce la charge symbolique de l'ensemble. Avec les éléments dont elle est constituée, ses mécanismes dérisoires et sophistiqués, les sons qu'elle produit, autant abstraits qu'évocateurs de bruits naturels, sa présentation troublante dans l'espace, cette œuvre contient une forte dimension poétique et témoigne de la vision panthéiste de l'artiste.

Imi Knoebel Dessau, Allemagne, 1940 · **Mamatu** 1985-1986 · Isorel, bois et huile · 320 x 169,7 x 70 cm · Acquis en 1987

Ce tableau de Christian Eckart
est une citation directe, comme
les autres œuvres de cet artiste,
des formes et des matériaux
historiques de la peinture. Ici,
un cadre découpé, qui évoque
la forme des retables d'église,
un fond argenté pour rappeler
l'aspect précieux des objets du
passé et les coups de brosse
exagérés pour citer la facture
des artistes expressionnistes.
En somme, un résumé de l'art
occidental.

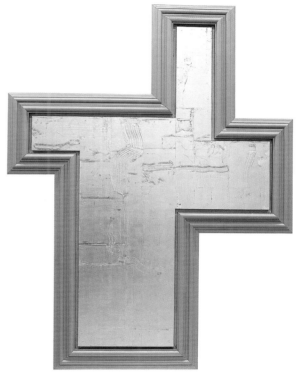

«Mamatu» de Knoebel est fait
d'un empilement contre le mur
de châssis en isorel et en
aggloméré, peints ou naturels,
tournés de face et lisses ou
montrant leur revers avec la
géométrie de leurs traverses
croisées. La variété des formats
construit une forme découpée et
symétrique, fortement étagée
dans le sens vertical depuis un
premier panneau blanc, jusqu'à
un dernier carré noir, placé au
sommet. L'orthogonalité, la
symétrie et le parti vertical,
l'austérité des matériaux et des
couleurs figent cet assemblage
de formes libres et lui confèrent
les qualités d'un autel dédié à la
peinture d'une manière générale
et à celle de Malévitch, en
hommage à son «Carré noir sur
fond blanc».

Christian Eckart Calgary, Canada, 1959 · **Martyr Painting** 1986 · Acrylique, feuilles d'aluminium sur contre-plaqué, cadre peint · 245 x 184,5 x 4,5 cm · Don Christian Gauduel, 1998

Annette Messager Berck, 1943 · **Mes vœux** 1989 · Crayons de couleur sur papier, photographies noir et blanc sous-verre, ficelle · 300 x 100 cm · Acquis en 1992

«Mes vœux» prend pour sujet la représentation photographique du corps humain et s'offre comme une accumulation de ses fragments. Les éléments mis dans des sous-verre constituent un relief dense et saturé où jouent le contraste du noir et du blanc et celui de la forme plane simple qu'ils composent ensemble — ici un triangle — et de l'écheveau des ficelles innombrables qui les supportent. Les fragments de corps, par leur cadrage et l'effet puissant du clair-obscur, sont des représentations altérées de la nature. Images aberrantes du corps pour les rapprochements que provoquent leurs juxtapositions et superpositions, ils sont à l'opposé de ce qu'est sensé fixer l'objectif: une vision subjective née du caprice et de l'émotion, à mi-chemin de la fantaisie et du chimérique et qui rappelle, dans sa forme comme dans son esprit, la confection des ex-voto.

Faisant partie de son activité de «collectionneuse», l'œuvre intitulée «Mes travaux d'aiguilles», comme d'autres pièces semblables, est présentée de façon murale. A l'origine, «Mes travaux d'aiguilles» pouvaient se lire comme un manuel d'initiation à la couture, répertoriant tous les points que doit connaître une bonne femme au foyer (point piqué, point de surjet, point d'ourlet, couture rabattue, etc.) avec, côte à côte, le dessin et son application maladroite. Dans leur nouvelle présentation, ils apparaissent comme le témoignage touchant d'un savoir en voie de dispari-tion, avec l'usage généralisé de la machine à coudre. Annette Messager utilise tous les moyens d'expression avec la plus grande liberté, pour fixer les «mythologies quotidiennes».

Annette Messager Berck, 1943 · **Mes travaux d'aiguille** 1973 · Tissu, aiguilles, fils et encre de chine sur papier · 24 éléments mesurant chacun 25,5 x 42,5 cm · Acquis en 1990

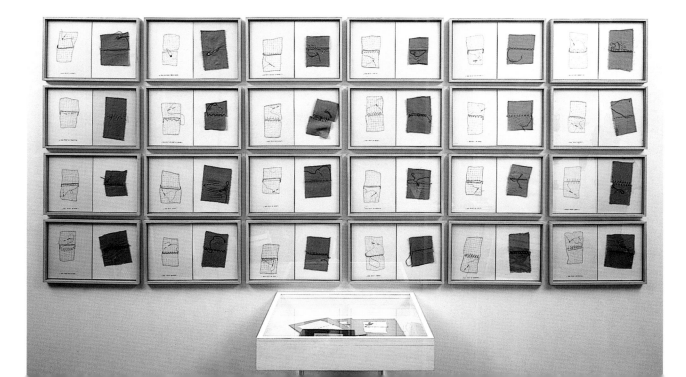

Vue du parvis du musée avec les œuvres de Mark Di Suvero «Étoile polaire» et d'Alexander Calder «Monsieur Loyal»

parc de sculptures

L'esplanade François Mitterrand et le parc Albert-Michallon entourant le bâtiment composent le site exceptionnel du parc de sculptures du Musée de Grenoble. Commencé en 1988, ce parc se développe sur un espace de 16 000 m² magnifiquement planté de grands arbres et d'espèces rares et agrémenté par les restes de l'un des murs d'enceinte de la ville. Devant le parvis du musée, la sculpture monumentale d'Alexander Calder, «Monsieur Loyal», est placée comme un signal: les formes découpées de ses plaques d'acier occupent l'espace dans toutes les directions.

La structure de Mark di Suvero, «Etoile polaire», permet à sa flèche de culminer à plus de 20 mètres de hauteur. A côté de la Tour de l'Isle, devant les arcades des murs de fortification, la «Jeune fille debout» de Marcel Gimond joue de l'harmonie de ses formes sculptées. A l'entrée ouest du parc, la sculpture de Marta Pan présente cinq disques de granit rose adossés les uns aux autres, qui symbolisent le Danube et ses affluents. «Orphée», une œuvre en bronze d'Ossip Zadkine, avec ses formes déchiquetées, dialogue avec les arbres qui lui ressemblent, tandis que «Transit West (for the 36 Albanians)» de Richard Nonas, une sculpture formée de six poutres d'acier corten disposées en triangles, répond au sol au groupe des trois arbres qui l'entourent. D'Eduardo Chillida, «Zuhaitz», «arbre» d'acier corten, met en rapport la massivité d'un tronc avec la courbe de ses branches, quand «Couple» d'Eugène Dodeigne signale sa monumentalité et sa puissance par les accents de ses formes taillées dans la pierre. La sculpture en bronze de Robert Wlérick, «Femme nue debout, Rolande», occupe par son équilibre l'espace environnant. Les parties hautes de «Conversation», l'œuvre de George Rickey, fixées à un mât, sont mobiles et bougent dans les mouvements de l'air.

«Monoforme 26» de Gottfried Honegger, composée d'éléments modulaires, encadre les montagnes de la Chartreuse grâce à son ouverture de forme carrée. «La Grande Vague» de Morice Lipsi présente une forme dense et vigoureuse taillée dans le granit rose. «Trois lignes indéterminées» de Bernar Venet affirme la légèreté et la souplesse illusoires de ses poutres d'acier tordues en spirale.
La construction d'Anthony Caro, «Le Chant des montagnes», est faite avec le mur sur lequel elle s'appuie: l'effet de pesanteur est accru par la descente «en cascade» des plaques d'acier corten sous lesquelles des passages restent ménagés. «Torse de femme, Cécile» est traité à l'antique par Léon Drivier. Expression contemporaine des jardins de sculptures nés au XVIe siècle, le parc de sculptures du Musée de Grenoble constitue, grâce aux œuvres qui y sont implantées et à la richesse de sa végétation, le lieu privilégié d'une rencontre entre l'art et la nature.

Bernar Venet Château-Arnoux, 1941 · **Trois lignes indéterminées** 1992 · Acier roulé · 280 x 330 x 600 cm · Acquis en 1999

Marta Pan Budapest, 1923 · **Duna** 1991 · Granit · 330 x 345 x 300 cm · Dépôt du fonds national d'Art contemporain, 1993

Gottfried Honegger Zurich, Suisse, 1917 · **Monoforme 26** 1988 · Tôle peinte · 500 x 500 cm · Commande de la Ville de Grenoble, avec le soutien du ministère de la Culture, en 1988

George Rickey South Bend, États-Unis, 1907 · **Conversation** 1991 · Acier inoxydable. 750 x 548 x 152 cm

Commande de la Ville de Grenoble, avec le soutien du ministère de la Culture, réalisée grâce à la générosité de l'artiste, en 1993

Anthony Caro New Malden,Royaume-Uni, 1924 · **Le Chant des montagnes** 1993 · Acier corten · 610 x 915 x 760 cm

Commande de la Ville de Grenoble, avec le soutien du ministère de la Culture, en 1993

Eduardo **Chillida** San Sebastien, Espagne · **Zuhaitz (Arbre)** 1989 · Acier corten · 292 x 180 cm · Commande de la Ville de Grenoble, avec le soutien du ministère de la Culture, en 1989

Marcel-Antoine Gimond Tournon-sur-Rhône, 1894 - Nogent-sur-Marne, 1961 · **Jeune fille debout** 1934 · Bronze · 170 x 60 x 22 cm · Dépôt du musée national d'Art moderne, 1995

Robert Wlérick Mont-de-Marsan, 1882 - Paris, 1944 · **Femme nue debout, Rolande** 1936-1942 · Bronze · 205 x 70 x 50 cm ·Dépôt du musée national d'Art moderne, 1995

Eugène Dodeigne Rouvreux, Belgique, 1923 · **Couple** 1993 · Pierre de Soignies · Deux éléments 320 x 120 x 50 cm et 320 x 110 x 20 cm

Acquis par la Ville de Grenoble en 1997, grâce à la générosité de l'artiste, au soutien de Schneider-Electric et de Didier Pineau-Valenciennes, ainsi qu'à la participation du Fonds régional d'acquisition des musées

Alexander Calder Philadelphie, 1898 - New York, 1976 · **Monsieur Loyal** 1967 · Acier peint · 936 x 627 x 543 cm

Dépôt de la région Rhône-Alpes et du lycée professionnel André Argouges de Grenoble

«Tout l'univers n'est qu'un magasin d'images et de signes auxquels l'imagination donnera une place et une valeur relatives; c'est une espèce de pâture que l'imagination doit digérer et transformer», écrit Delacroix définissant sa position de peintre. Le musée est magasin d'images et de signes, mais à un niveau différent. Il n'intervient pas simplement comme lieu de mémoire, comme conservatoire du patrimoine ou dépositaire d'un quelconque catalogue systématique d'œuvres d'art du passé.
Le musée sert, plus encore que l'univers visible, la cause de la création: on peut même dire qu'il est source intarissable de vitalité créatrice pour le spectateur. A chaque visite, nous nous exposons à des formes et des figures qui ne sont ni celles d'une nature sans créateur, ni celles d'artefacts urbains avec tout ce qu'ils peuvent avoir de nobles comme d'ignobles. Les œuvres exposées sont celles d'un monde déjà examiné, instruit, humanisé par l'activité cérébrale — la physiologie talentueuse — des artistes. Images réfléchies, comme la lumière se réfléchit et comme la pensée est réfléchie, chaque œuvre d'art récapitule l'histoire personnelle de l'artiste, sa façon d'adhérer à la culture de son temps ou, même, de la dépasser.

Complice de l'artiste, le visiteur du musée poursuit les multiples évolutions mentales qu'aucun chef-d'œuvre accompli n'épuisera. «A contrario», la rencontre renouvelée d'une œuvre suscite chez celui-ci des réactions étonnamment différentes comme si, malgré leur aspect fini, les chefs-d'œuvre non plus ne s'épuisaient pas.

Car contempler une œuvre d'art, ce n'est pas simplement lire ou comprendre, c'est d'abord se laisser surprendre, donner libre accès aux images intérieures, bien mentales celles-ci, qui se pressent aux frontières de notre conscience avec l'éclairage des émotions qui les singularisent. Et ces représentations vont, viennent, s'enchaînent, se fragmentent, se recoupent. L'imaginaire du spectateur travaille sur l'imaginaire des créateurs. Il devient, de ce fait, créateur à un niveau plus élevé encore. Certes, il n'y aura pas d'œuvre produite par la main du spectateur. Mais il y aura intense «travail de contemplation», auquel chacun participe à sa manière, dans son espace conscient, sans autre mode de communication que celui d'une attention soutenue et d'une présence active.

penser le musée

jean-pierre changeux

S'il pouvait y avoir quelque vérité, il y a trente ans, à comparer le musée à une église fréquentée par des fidèles tous devenus identiques, des luttes sérieuses sur plusieurs fronts (pédagogie scientifique, architecturale, historique), ainsi que l'élargissement du patrimoine aux «nouveaux patrimoines» et une meilleure façon de les montrer, augmentent les chances de vraie rencontre entre les œuvres et les visiteurs. Fort de ces expériences de plaisir, chacun tente de la renouveler, chacun se sent le droit à une aventure personnelle. En parallèle, la conception que nous avons de la manière dont fonctionne notre cerveau et que le sociologue — aussi sûr soit-il de sa scientificité — ne peut ignorer, s'est considérablement développée.

Contempler une œuvre d'art n'est pas y être soumis de manière passive et cela quelle que soit «l'attitude cultivée» du spectateur-récepteur. Fût-il objet de culte, aucun tableau ne nous rend «identiques». Il peut donner lieu à une lecture savante comme à une adhésion naïve. Il peut, tout simplement, ne pas pénétrer dans notre espace mental comme une langue qui nous est étrangère. Les définitions contemporaines de l'œuvre d'art — après Marcel Duchamp — retiennent l'absence d'«utilité» au quotidien; elles se réfèrent au détournement de la fonction, à sa réappropriation, donc à un pluralisme de niveaux «d'appréhension» et par là de sens.

Cette manière de voir rejoint les modèles les plus récents des neurosciences cognitives. L'antique conception cybernétique du cerveau fonctionnant sur le mode entrée-sortie comme une sorte d'«internet mécanique», où ce que l'on retrouve à la sortie se déduit de manière déterminante de ce que l'on introduit à l'entrée, n'est plus de mise. Intégrant de multiples niveaux d'organisation hiérarchique, donnant accès au monde par de multiples voies parallèles, fonctionnant sur le mode projectif, en quête perpétuelle d'évaluations, notre cerveau se trouve prédisposé à la multiplicité des hypothèses interprétatives, à la polysémie de l'expérience esthétique. Lors de la contemplation, le spectateur met spontanément à l'épreuve des représentations, des objets de mémoire que l'histoire individuelle de chacun teinte de valeurs émotionnelles qui lui sont particulières. L'expérience naïve ne cède en rien à la lecture savante. Elle peut même être plus vive et troublante qu'une ratiocination cultivée, mondaine et formaliste.

L'imaginaire de chacun n'est pas soumis aux classifications érudites, ni aux lois du marché et, tout particulièrement, du marché de la culture. Il n'est guère de lieux dans nos mondes contemporains, autre que le musée, où chacun puisse laisser son imaginaire libre de création, hors de tout jugement imposé. La libre joie de la contemplation ne consiste cependant, et quelquefois pas du tout, à un laisser-aller ou laisser-faire «sensoriel». Des théories récentes de l'espace conscient cérébral soulignent la notion d'«effort» comme celle de «récompense» dans l'expérience consciente.

Il ne s'agit, bien sûr, ni d'effort physique, ni de gratification financière. Faire effort, c'est donner accès volontairement à des territoires peu accessibles de nos mémoires cérébrales qui, autrement, resteraient enfouis dans l'univers de nos synapses. Recevoir une récompense, c'est accéder à la satisfaction d'un désir (auquel l'érotisme n'échappe pas) ou laisser vibrer les cordes d'un hédonisme récréatif en toute légitimité, puisqu'inscrit depuis des millénaires dans nos synapses neuronales. L'effort projectif et délibéré, avec ses multiples gratifications ou déceptions, diversifie, multiplie les ressources de l'espace créatif de la méditation esthétique. Paradoxalement, l'expérience tacite et individuelle de cet imaginaire pluraliste, «relie» par une participation à l'univers de la mémoire collective vers un futur à construire. Le musée devient cité idéale à venir d'un bien-vivre partagé dans sa diversité. Il fait «œuvre civilisante».

Le musée n'a pas toujours été un déballage expert de chefs-d'œuvre juxtaposés aux cartels illisibles, produit d'une collectionnite érudite. La nature profonde de ses origines en témoigne. Même si la passion de collectionner n'est pas propre à l'espèce humaine, elle se retrouve avec une exceptionnelle vigueur aux aurores de l'humanité. Le célèbre anthropologue André Leroi-Gourhan a décrit à Arcy-sur-Cure, dans l'Yonne, ces collections d'objets rassemblés en plein air de manière intentionnelle par l'homme préhistorique où la coquille spiralée d'un mollusque fossile y côtoie le polypier en boule et le bloc de pyrite de fer. Au IIIe siècle, à Alexandrie, on installe autour du sanctuaire des Muses, ou «Mouseion», des collections de plantes ou d'animaux vivants, salles d'anatomie ou centres d'observation astronomique, ainsi que la célèbre bibliothèque. Le contenu religieux de ces premiers musées est évident: prêtres et prophètes y proposent des explications concrètes du monde, de l'homme et de ses origines mythiques. Les trésors accumulés à l'ombre du temple témoignent à la fois de la gratitude du peuple et des rois aux divinités créatrices et du souci de classer et de comprendre inspiré d'Aristote. Une première laïcisation de la collection apparaît avec ces premières classifications universelles. Elle se poursuit avec l'empire romain et les riches collectionneurs privés qui, rivalisant avec les dieux du temple, rassemblent jalousement orfèvrerie, sculptures, tableaux.

Signe de distinction et de pouvoir, le prince de «droit divin» revendique le titre de premier collectionneur national. Mais avec le Siècle des lumières, le musée royal s'ouvre au public. A la Révolution, la Convention formule le projet d'un Museum central des Arts et des Sciences, qui n'ouvrira jamais. En parallèle, le collectionneur privé diversifie ses intérêts aux curiosités de la nature, au monstrueux, au bizarre, qu'il va placer à côté des chefs-d'œuvre de l'horlogerie, de la pierre dure ou de la céramique et, bien entendu, de la peinture. Le cabinet de curiosités de l'amateur éclairé occidental, comme du lettré chinois, élargit ses intérêts à un point tel que la logique du classement rationnel devient nécessaire. Heure tragique de la divergence: les sciences se séparent des arts et des techniques. Les tableaux perdent leur cadre de coquillages ou de minéraux. Jades et lapilazuli se retrouvent avec les minéraux, les fleurs et les fruits avec les végétaux, les dessins sont mis sous scellés, loin des tableaux pour lesquels ils ont été conçus. Les nautiles n'ont pas encore été retirés de leur monstrance d'argent, ni les astrolabes arabes renvoyés au musée des techniques. Les embryons et planctons ne sont toujours pas censurés de l'œuvre de Kandinsky, ni les références botaniques et zoologiques effacées de celles de Max Ernst. Le musée reste un lieu exceptionnel de fusion hédonique entre science et contemplation, de mise en harmonie individuelle de la raison et du plaisir.

Dans «Jeux et Combats», André Lwoff remarquait «qu'aucune administration ne saurait empêcher un chercheur de faire des découvertes». Ce propos peut s'étendre au monde des arts en affirmant qu'aucune administration ne saurait décourager un amateur de rassembler une collection et d'en faire donation. Cette collection ne répondra pas nécessairement aux critères en vigueur dans les cercles érudits. En sera-t-elle moins importante pour le patrimoine? Bien des «nouveaux patrimoines» sont nés de ces passions singulières: depuis les toiles impressionnistes refusées du legs Caillebotte jusqu'aux collections d'art primitif supposées «indignes» des grands musées d'art ou ces coléoptères «Histeridae» de Camargue rassemblés au début du siècle et décimés, depuis, par l'introduction des insecticides. Certes les musées ont leur politique d'acquisition experte et fort judicieuse pour le patrimoine national. Mais ils s'enrichissent magnifiquement de donations et de très précieuses dations qui témoignent de ce goût différent parce que «privé».

Le musée, lieu de mise en confrontation de goûts différents, lieu d'interfécondations des arts et des sciences, lieu de mémoire et d'histoire, est le lieu idéal de mise en harmonie de nos multiples territoires cérébraux, bref, de notre équilibre mental. Il devient le lieu le plus approprié qui soit d'une authentique réconciliation culturelle.

Les conflits de culture ont pris, à travers le monde, le relais d'une guerre froide entre blocs idéologique et politique. Le pluralisme et la diversité des traditions philosophiques ou religieuses, des modes de pensée, des langues, des goûts et des savoirs sont devenus une source inépuisable de conflits qu'attise le relativisme ambiant des sciences humaines. Historien de l'art par excellence, Ernst Gombrich a, au contraire, toujours défendu avec fermeté l'évidence universelle d'une physiologie de la perception esthétique qu'il a opposée à ce relativisme déconstructeur. Il paraît plus opportun que jamais de réhabiliter, comme il l'écrit, «cette vieille notion de nature humaine», que retrouvent également psychologues cognitifs et neuro-anthropologues. Exclusions raciales et barrières morales irréductibles disparaissent au seuil du musée, espace de tolérance, laïc s'il en est, lieu de respect mutuel et de bonheur solidaire, lieu où la diversité de chacun apparaît comme source de richesse et de célébration, dans l'élan commun d'une libre joie partagée. Le Musée de Grenoble n'en est-il pas l'exemple le plus réussi?

Ouvrages généraux

Général de Beylié
introduction
de Marcel Reymond
Le Musée de Grenoble
H. Laurens, Paris, 1919

Jean Leymarie
Le Musée de Grenoble
Art et Style n°37, Paris, 1955

Marie-Claude Beaud,
Marie-Christine Bouillé
Bernard Ceysson
3 villes, 3 collections:
Grenoble, Marseille,
Saint-Etienne.
L'avant-garde 1960-1976
Musée de Grenoble; Marseille,
musée Cantini; Saint-Etienne,
musée d'Art et d'Industrie, 1977

Hélène Vincent
Andry-Farcy, un conservateur
novateur: le Musée de
Grenoble de 1919 à 1949
Musée de Grenoble, 1982

Serge Lemoine
Le Musée de Grenoble
Collection Musées
et Monuments de France,
Albin Michel, Paris,
Musée de Grenoble, 1988

Chefs-d'œuvre
du Musée de Grenoble.
De David à Picasso
Fondation de l'Hermitage,
Lausanne, 1992-1993

Le Musée de Grenoble
Beaux-Arts Magazine
numéro hors série,
Paris, décembre 1993

Marianne Le Pommeré
Laurent Salomé
Christine Poullain
Musée de Grenoble
Guide des collections
Réunion des musées nationaux,
Musée de Grenoble,
Paris, 1994

Vue de la bibliothèque André Chastel

bibliographie

Jean Rosen, Dominique Forest,
avant-propos de Serge Lemoine
**Faïences: la collection
du Musée de Grenoble**
Réunion des musées nationaux,
Musée de Grenoble, Paris, 1994

Marcel Destot
avant-propos de Serge Lemoine,
préface de Jacques Foucart
**Peintures des écoles
du Nord: la collection
du Musée de Grenoble**
Réunion des musées nationaux,
Musée de Grenoble, Paris, 1995

Catherine Chevillot,
avant-propos de Serge Lemoine,
préface de Bruno Foucart,
**Peintures et sculptures
du XIXe siècle: la collection
du Musée de Grenoble**
Réunion des musées nationaux,
Musée de Grenoble, Paris, 1995

Catalogues des collections

Gabrielle Kueny, Germain Viatte
**Grenoble, Musée
de peinture et de sculpture,
Dessins modernes**
Éditions des musées nationaux,
Paris, 1963

Gabrielle Kueny, Jean Yoyotte
**Grenoble, Musée
de peinture et de sculpture,
Collection égyptienne**
Réunion des musées nationaux,
Paris, 1979

Marco Chiarini
avant-propos de Serge Lemoine,
texte d'Hélène Vincent
**Tableaux italiens:
catalogue raisonné de la
collection de peinture
italienne, XIVe-XIXe siècle**
Musée de Grenoble, 1988

Serge Lemoine (sous la direction)
**L'Art du XXe siècle.
La collection
du Musée de Grenoble**
Réunion des musées nationaux,
Musée de Grenoble, Paris, 1994

Hélène Vincent
sous la direction de
Serge Lemoine
**Le Néo-impressionnisme
au Musée de Grenoble.
Le legs Pierre Collart,
un enrichissement de la
collection Agutte-Sembat**
Musée de Grenoble, 1996

Gilles Chomer
avant-propos de Serge Lemoine,
préface de Jacques Thuillier
**Peintures françaises
antérieures à 1815**
Réunion des musées nationaux,
Musée de Grenoble, Paris, 1999

Marianne Le Pommeré
avant-propos de Serge Lemoine
Jean Gorin
collection reConnaître,
Réunion des musées nationaux,
Musée de Grenoble, Paris, 1998

Christine Poullain
avant-propos de Serge Lemoine
**Leon Polk Smith.
Collages 1954-1986**
collection reConnaître,
Réunion des musées nationaux,
Musée de Grenoble, Paris, 1998

Camille de Singly
avant-propos de Serge Lemoine
Guido Molinari
collection reConnaître,
Réunion des musées nationaux,
Musée de Grenoble, Paris, 1998

Véronique Gérard-Powell
avant-propos de Serge Lemoine
Tableaux espagnols
Réunion des musées nationaux,
Musée de Grenoble, Paris,
à paraître en 2000

index des œuvres

**Index des œuvres
reproduites par nom d'artiste**

**Coordination éditoriale
et fabrication**

Gilles Fage,
Laurence Barbier,
antenne éditoriale, Lyon

Crédits photographiques

Jean-Luc Lacroix,
Musée de Grenoble
André Morin
Tous droits réservés

**Photogravure
et flashage**

Basic Color, Les Angles

Relecture

Corine Pourtau

Impression
édips, Dijon

Façonnage
Diguet-Deny, Breteuil-sur-Iton

Dépôt légal
Décembre 1999

ISBN 2 7118 3795 5
GK 39 3795